**Die Zahlen 1 und 2**

1.

2.

3.

4.

5.  6.

**Die Zahlen 3 und 4**

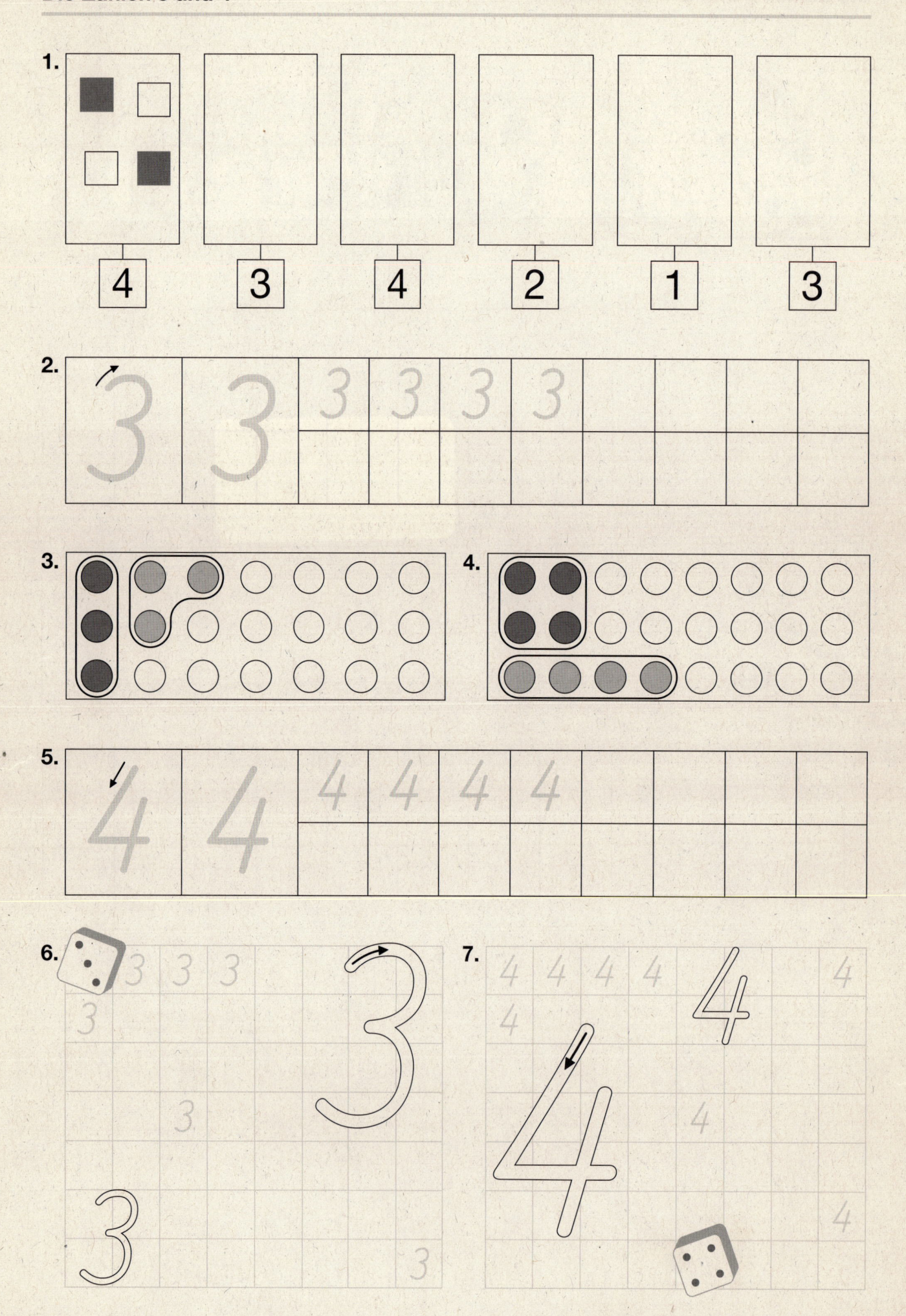

1.

| 4 | 3 | 4 | 2 | 1 | 3 |

2.

3.

4.

5.

6.

7.

# Die Zahlen 5 und 6

**1.**

**2.**

**3.** Immer 6!

**4.**

**5.**                               **6.**

**Die Zahlen 1 bis 6 – Zahlenfolge**

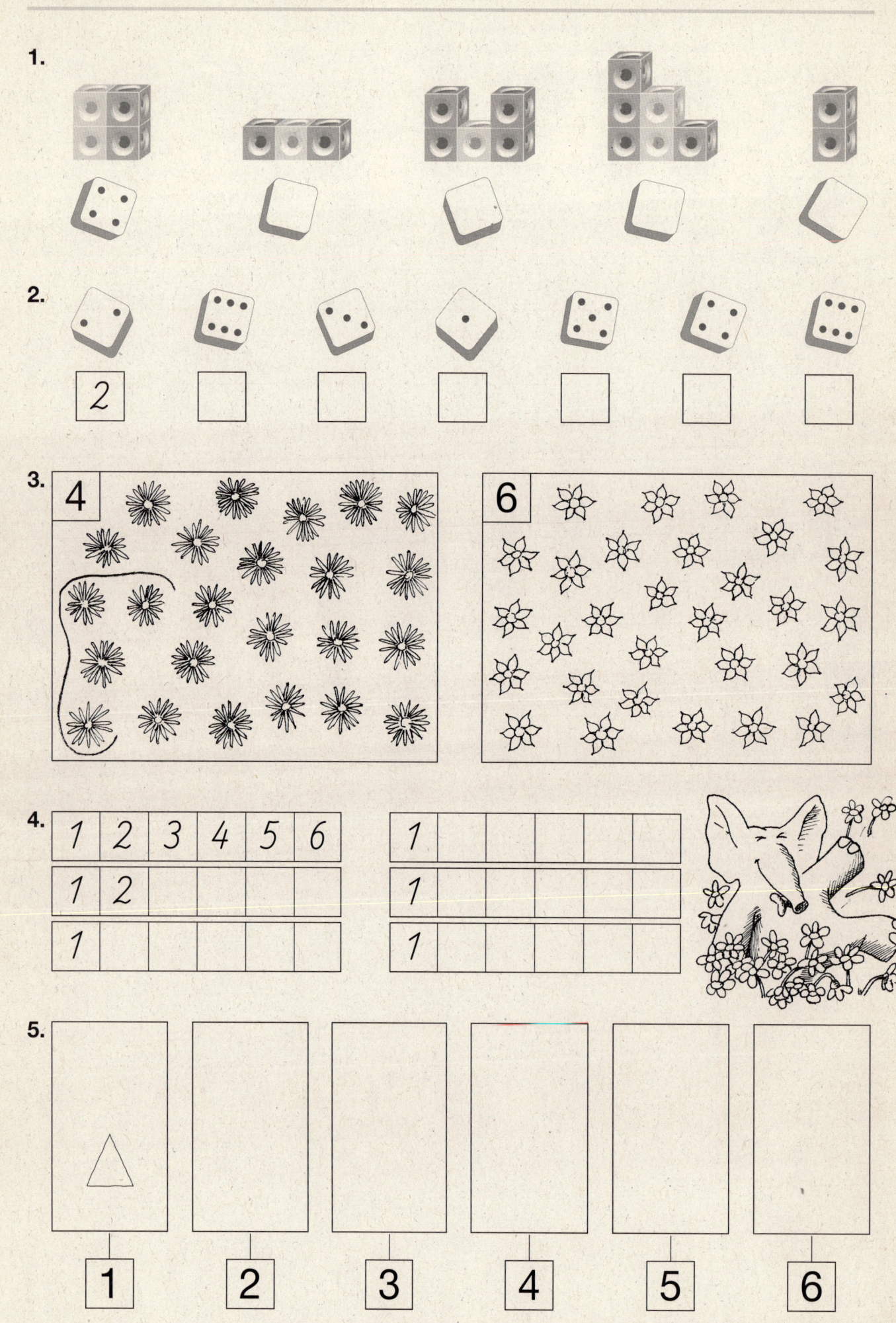

1.

2.

3. 4    6

4.
| 1 | 2 | 3 | 4 | 5 | 6 |
| 1 | 2 |   |   |   |   |
| 1 |   |   |   |   |   |

| 1 |   |   |   |   |
| 1 |   |   |   |   |
| 1 |   |   |   |   |

5.  1   2   3   4   5   6

**Vergleichen von Zahlen – Ungleichungen**

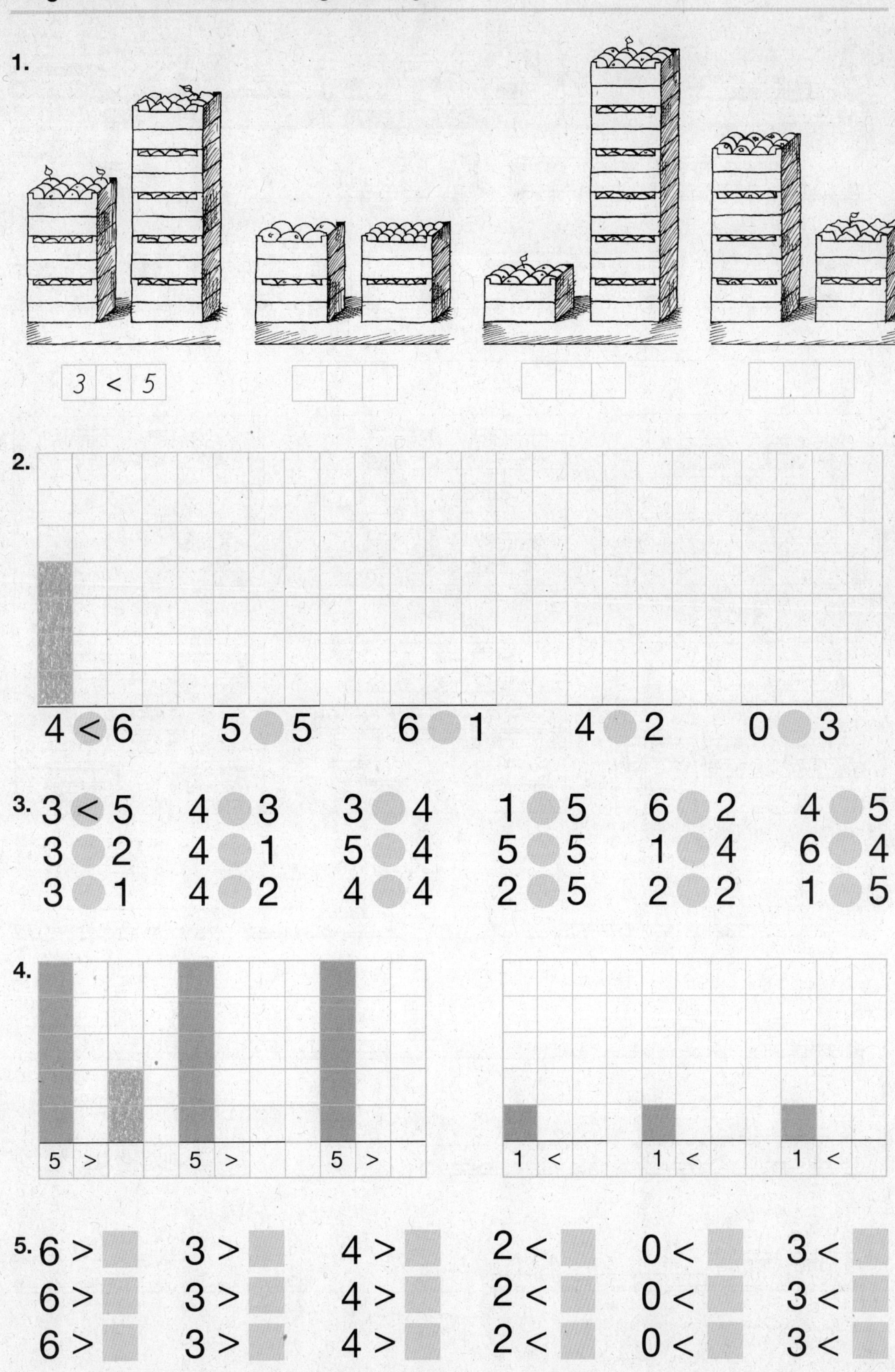

1.

| 3 < 5 | ☐ ☐ ☐ | ☐ ☐ ☐ | ☐ ☐ ☐ |

2.

4 < 6    5 ● 5    6 ● 1    4 ● 2    0 ● 3

3.  3 < 5    4 ● 3    3 ● 4    1 ● 5    6 ● 2    4 ● 5
    3 ● 2    4 ● 1    5 ● 4    5 ● 5    1 ● 4    6 ● 4
    3 ● 1    4 ● 2    4 ● 4    2 ● 5    2 ● 2    1 ● 5

4.

5 >    5 >    5 >          1 <    1 <    1 <

5. 6 > ☐    3 > ☐    4 > ☐    2 < ☐    0 < ☐    3 < ☐
   6 > ☐    3 > ☐    4 > ☐    2 < ☐    0 < ☐    3 < ☐
   6 > ☐    3 > ☐    4 > ☐    2 < ☐    0 < ☐    3 < ☐

# Zahlenausdrücke mit „plus"

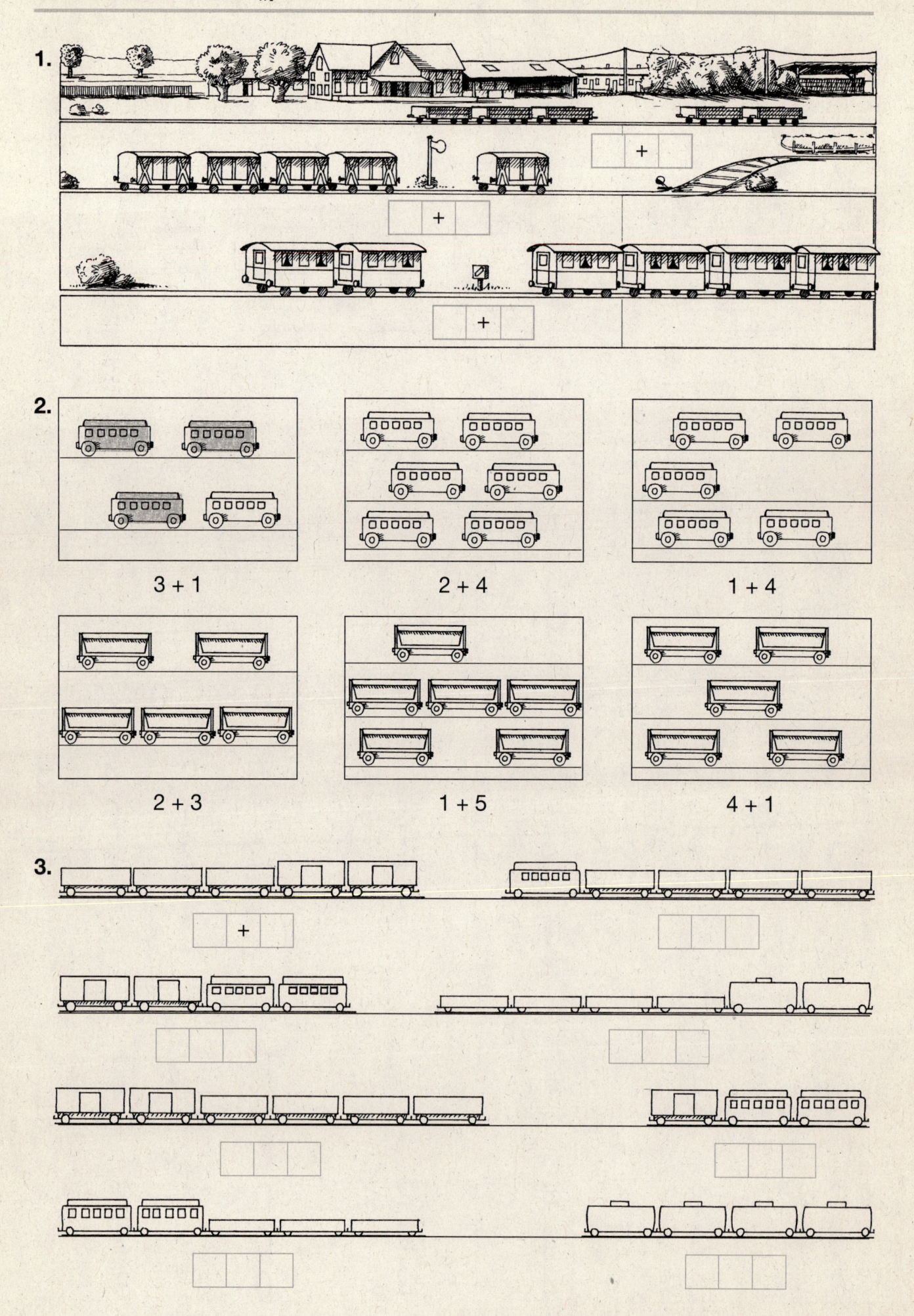

**1.**

**2.**

3 + 1     2 + 4     1 + 4

2 + 3     1 + 5     4 + 1

**3.**

# Addieren

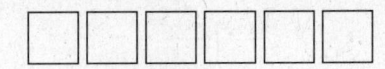

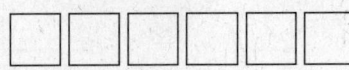

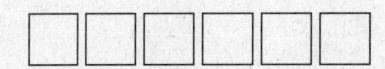

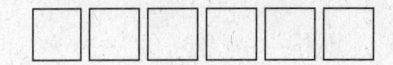

**1.** 3 + 1 = ☐

**2.**
2 + 3 = 5
4 + 1 =
3 + 2 =
2 + 0 =

1 + 5 =
3 + 3 =
2 + 4 =
1 + 2 =

5 + 1 =
1 + 4 =
1 + 1 =
0 + 5 =

**3.**
2 + 1 =          1 + 5 =          1 + 2 =          2 + 4 =
3 + 1 =          1 + 4 =          2 + 2 =          2 + 3 =
4 + 1 =          1 + 3 =          3 + 2 =          2 + 2 =
5 + 1 =          1 + 2 =          4 + 2 =          2 + 1 =

**4.**

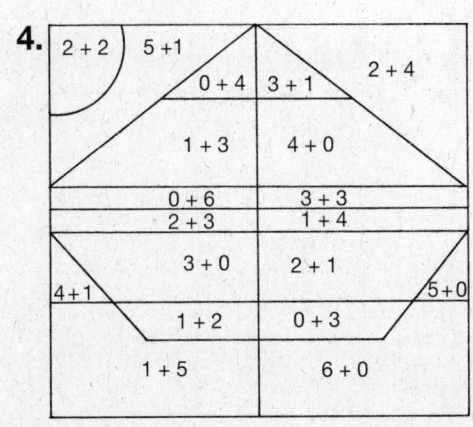

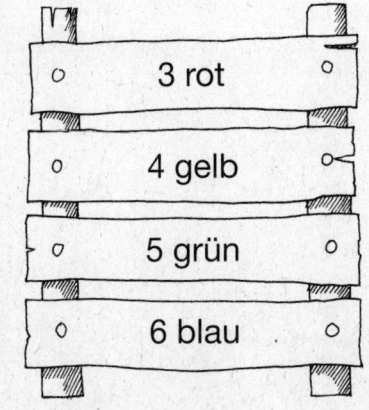

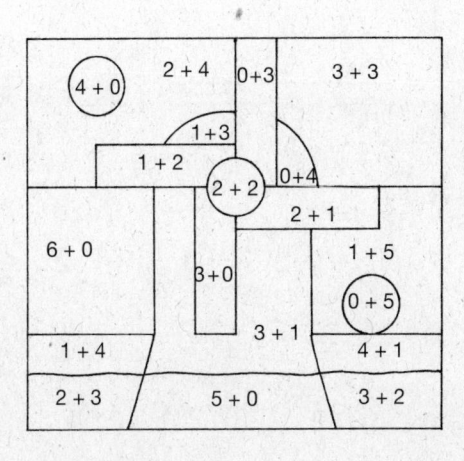

3 rot
4 gelb
5 grün
6 blau

# Addieren – Tauschaufgaben

zu Seite 28

**1.**

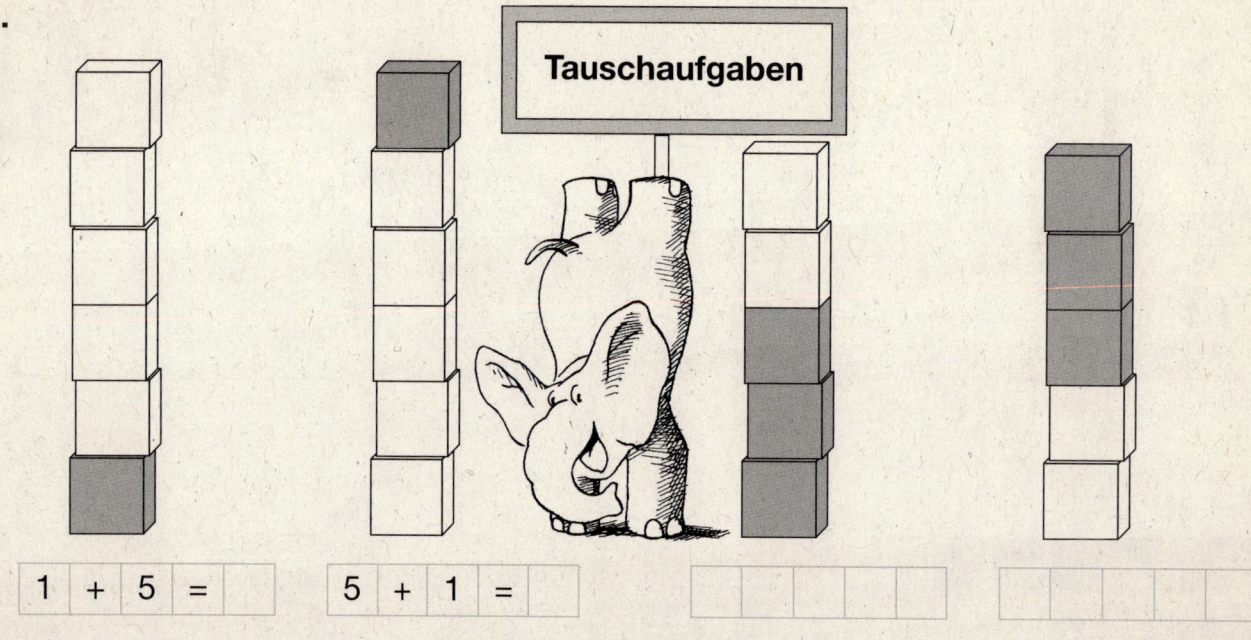

| 1 + 5 = | 5 + 1 = | | |

**2.** 2 + 4 =   1 + 3 =   4 + 1 =

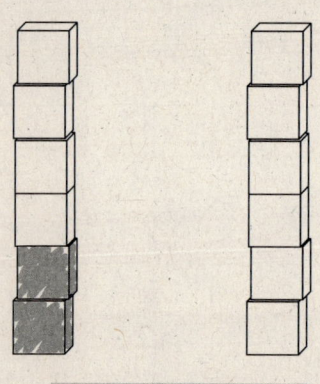

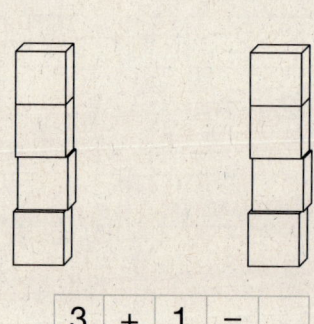

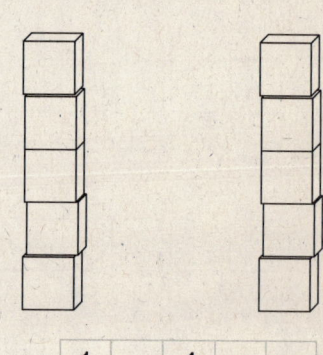

| 4 + 2 = | 3 + 1 = | 1 + 4 = |

**3.**

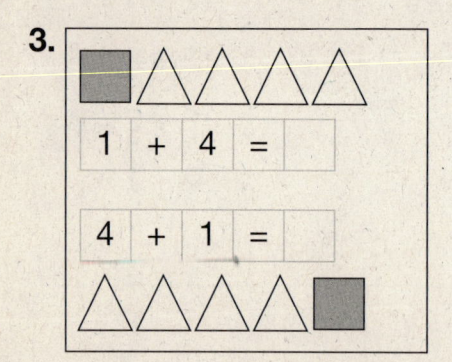

1 + 4 =

4 + 1 =

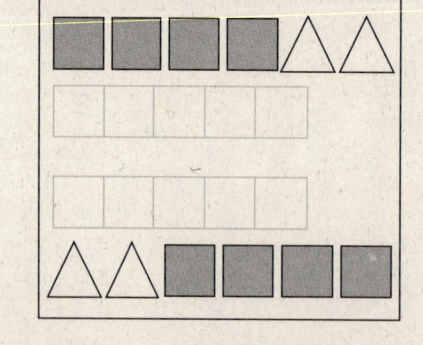

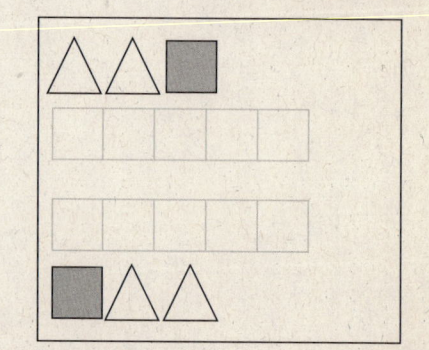

**4.**

| 5 + 1 = | 3 + 2 = | 6 + 0 = | 2 + 4 = |
| 1 + 5 = | 2 + 3 = | | |

| 1 + 2 = | 0 + 5 = | 3 + 1 = | 1 + 4 = |

# Zahlenausdrücke mit „minus"

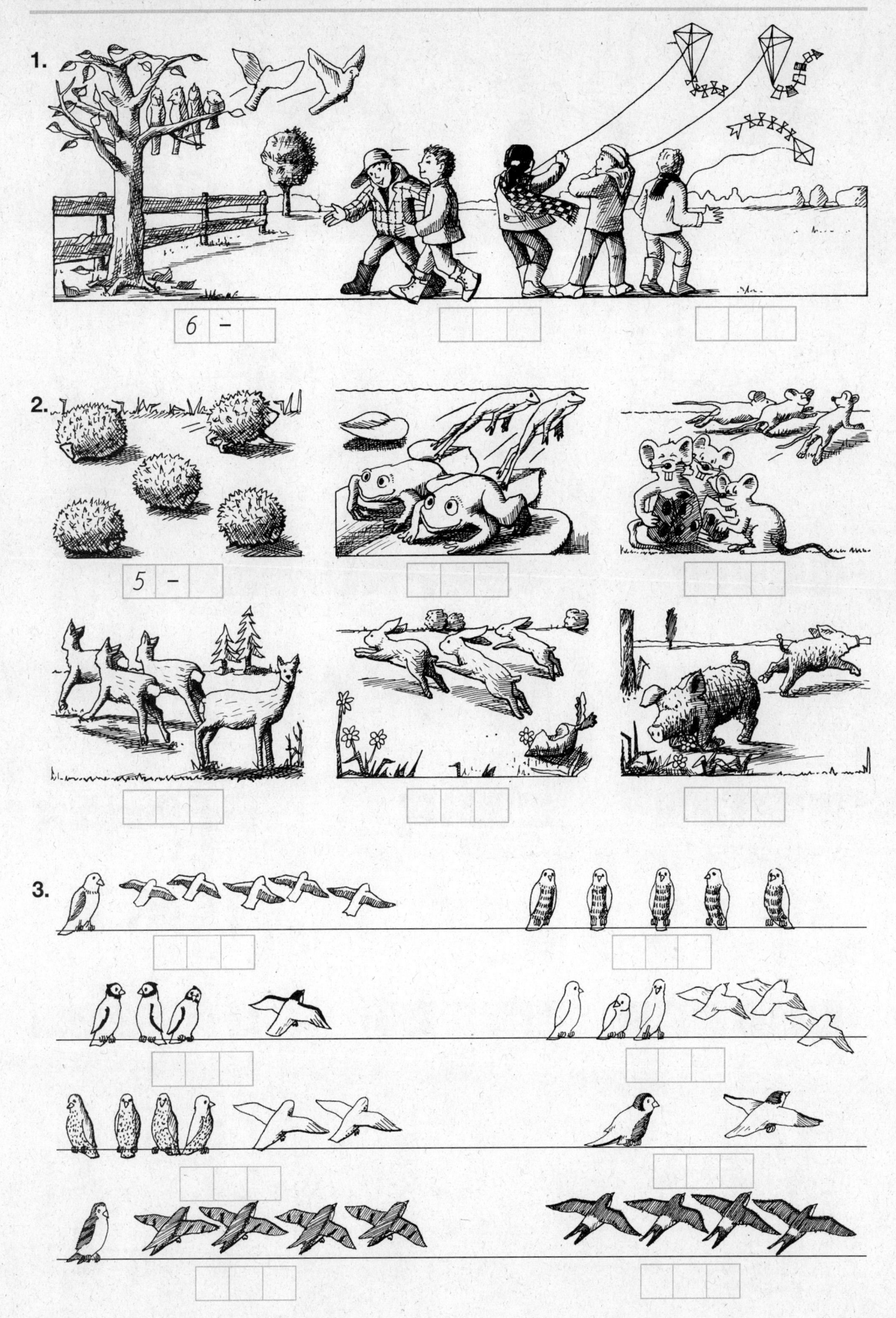

**1.**

| 6 − | | | | | |

**2.**

| 5 − | | | | | |

**3.**

9

## Subtrahieren

**1.**

6 − 4 = ☐

5 − ☐ = ☐

4 − ☐ = ☐

5 − ☐ = ☐

**2.**

4 − ☐ = ☐

6 − ☐ = ☐

4 − ☐ = ☐

5 − ☐ = ☐

6 − ☐ = ☐

6 − ☐ = ☐

**3.**

5 − 1 =

4 − 4 =

6 − 0 =

6 − 2 =

3 − 1 =

5 − 2 =

6 − 6 =

5 − 3 =

6 − 3 =

**4.** Lege und nimm weg!

2 − 1 =      4 − 0 =      5 − 3 =      4 − 3 =

6 − 2 =      5 − 1 =      5 − 5 =      5 − 4 =

6 − 1 =      6 − 3 =      3 − 3 =      3 − 0 =

5 − 2 =      3 − 2 =      4 − 2 =      6 − 5 =

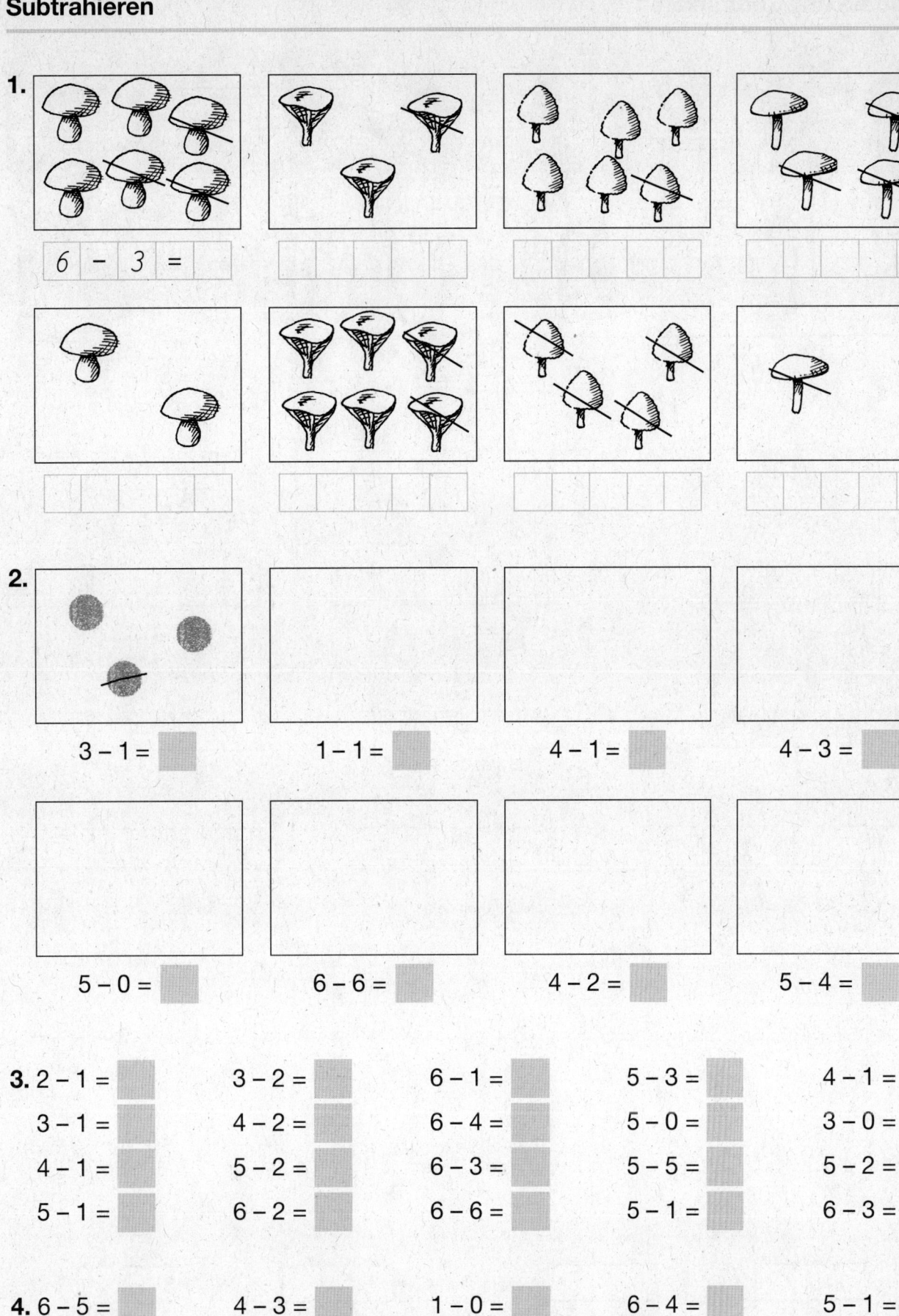

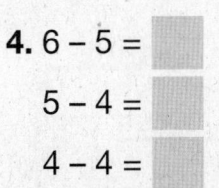

**Subtrahieren**

1. 6 − 3 = ☐

2. 3 − 1 = ☐    1 − 1 = ☐    4 − 1 = ☐    4 − 3 = ☐

   5 − 0 = ☐    6 − 6 = ☐    4 − 2 = ☐    5 − 4 = ☐

3. 2 − 1 =       3 − 2 =       6 − 1 =       5 − 3 =       4 − 1 =
   3 − 1 =       4 − 2 =       6 − 4 =       5 − 0 =       3 − 0 =
   4 − 1 =       5 − 2 =       6 − 3 =       5 − 5 =       5 − 2 =
   5 − 1 =       6 − 2 =       6 − 6 =       5 − 1 =       6 − 3 =

4. 6 − 5 =       4 − 3 =       1 − 0 =       6 − 4 =       5 − 1 =
   5 − 4 =       6 − 0 =       6 − 2 =       0 − 0 =       2 − 0 =
   4 − 4 =       3 − 3 =       4 − 3 =       3 − 2 =       1 − 1 =
   2 − 0 =       5 − 3 =       2 − 2 =       4 − 2 =       6 − 6 =

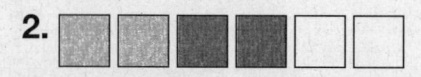

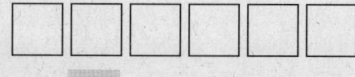

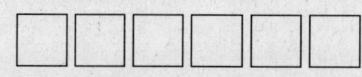

## Addieren und Subtrahieren

**1.**

3 − ☐ = 2    2 + ☐ = 5

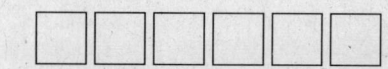

**2.**
2 + ☐ = 4    3 + ☐ = 5    1 + ☐ = 5

1 + ☐ = 3    3 + ☐ = 6    1 + ☐ = 4

**3.**
5 − ☐ = 3    6 − ☐ = 2    4 − ☐ = 2

6 − ☐ = 4    3 − ☐ = 2    3 − ☐ = 3

**4.**
| 1 + ☐ = 4 | 4 + ☐ = 5 | 6 − ☐ = 1 | 5 − ☐ = 3 | 2 − ☐ = 2 |
| 2 + ☐ = 4 | 3 + ☐ = 5 | 6 − ☐ = 2 | 4 − ☐ = 2 | 3 − ☐ = 2 |
| 3 + ☐ = 4 | 2 + ☐ = 5 | 6 − ☐ = 3 | 3 − ☐ = 1 | 5 − ☐ = 2 |
| 4 + ☐ = 4 | 1 + ☐ = 5 | 6 − ☐ = 4 | 2 − ☐ = 0 | 6 − ☐ = 2 |

**5.**

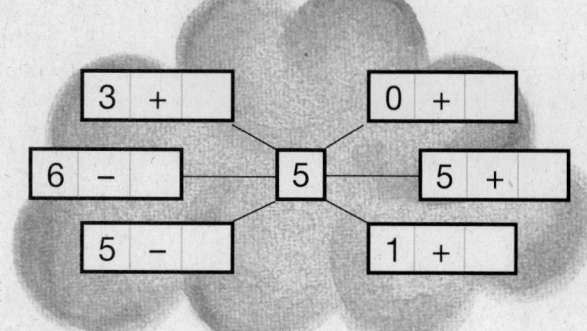

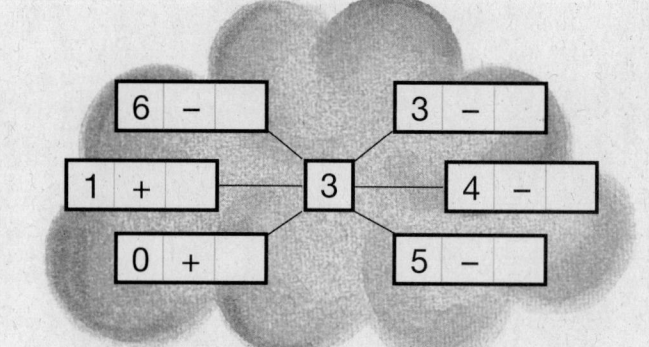

3 + ☐    0 + ☐        6 − ☐    3 − ☐

6 − ☐ — 5 — 5 + ☐    1 + ☐ — 3 — 4 − ☐

5 − ☐    1 + ☐        0 + ☐    5 − ☐

# Die Zahlen 7 und 8

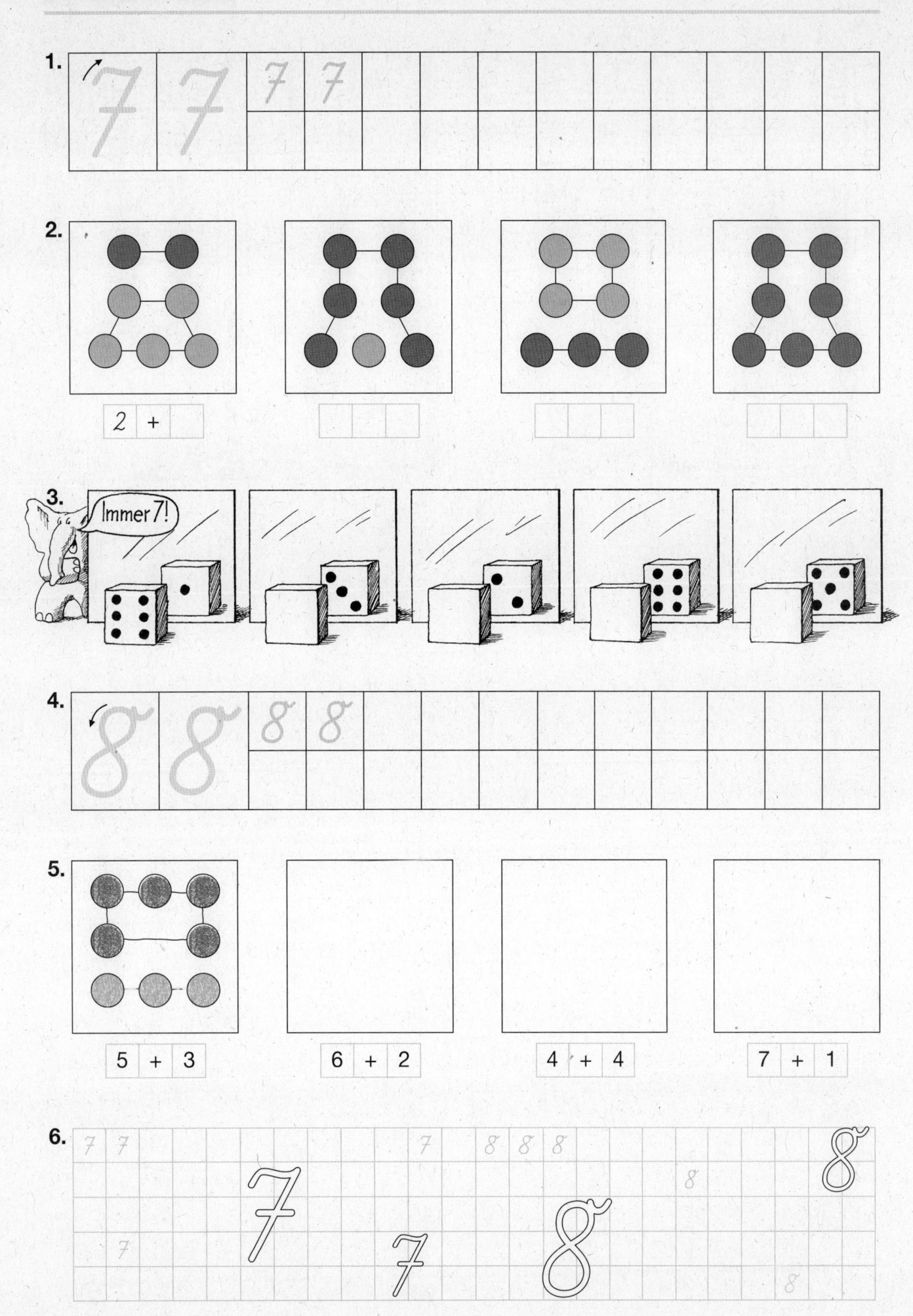

**1.** 

**2.** 2 + ☐    ☐ ☐    ☐ ☐    ☐ ☐

**3.** Immer 7!

**4.** 

**5.** 5 + 3    6 + 2    4 + 4    7 + 1

**6.**

## Zerlegen der Zahlen 7 und 8

**1.**

Flags for 7: 3+☐, 5+☐, 6+☐, 1+☐, 4+☐, 0+☐

Flags for 8: 7+☐, 3+☐, 6+☐, 4+☐, 8+☐, 5+☐

**2.**
7 = 5 + ☐     7 = 7 + ☐     8 = 8 + ☐     8 = 1 + ☐
7 = 1 + ☐     7 = 2 + ☐     8 = 6 + ☐     8 = 7 + ☐
7 = 4 + ☐     7 = 6 + ☐     8 = 4 + ☐     8 = 3 + ☐
7 = 0 + ☐     7 = 3 + ☐     8 = 2 + ☐     8 = 0 + ☐

**3.** Immer 7!

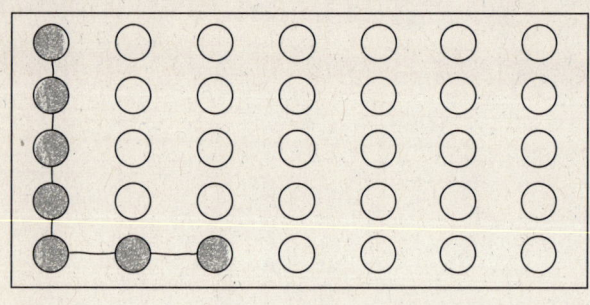

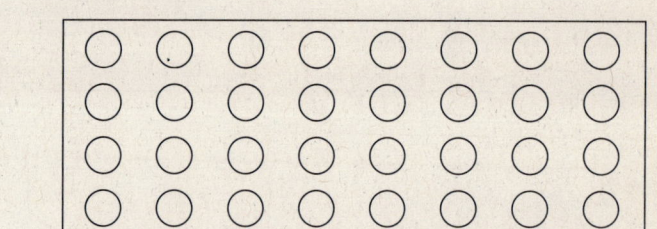

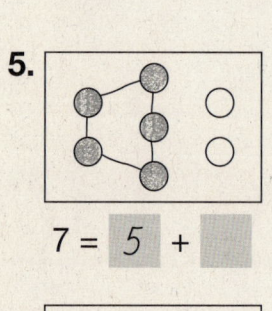

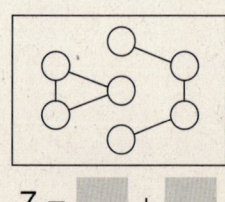

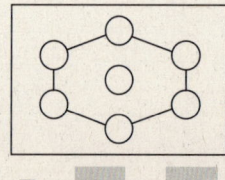

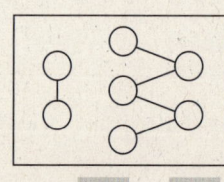

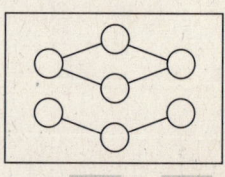

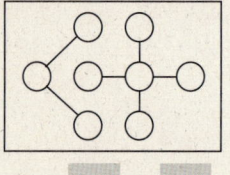

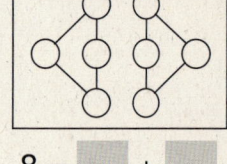

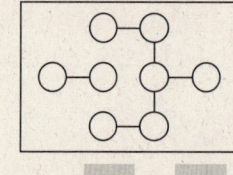

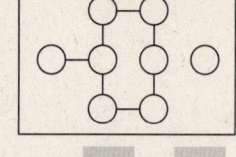

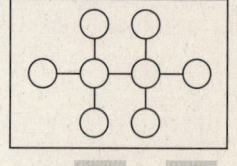

**4.** Immer 8!

**5.**

7 = 5 + ☐     7 = ☐ + ☐     7 = ☐ + ☐     7 = ☐ + ☐     7 = ☐ + ☐

8 = ☐ + ☐     8 = ☐ + ☐     8 = ☐ + ☐     8 = ☐ + ☐     8 = ☐ + ☐

# Die Zahlen 9 und 10

**1.** 9 9 9

**2.** 8 + ☐ | ☐ ☐ | ☐ ☐ | ☐ ☐

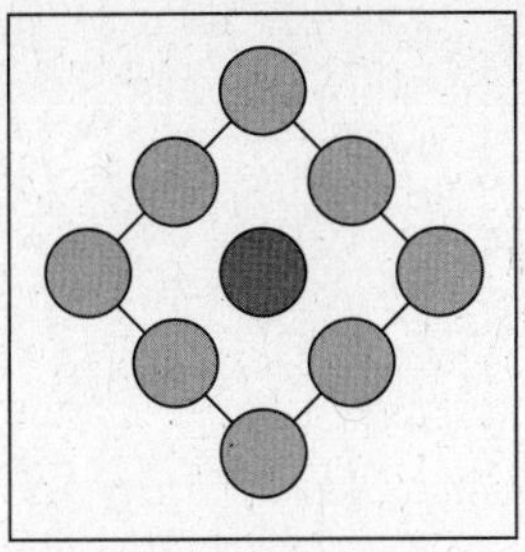

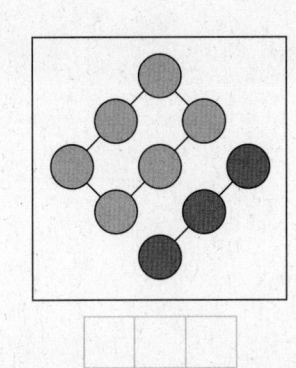

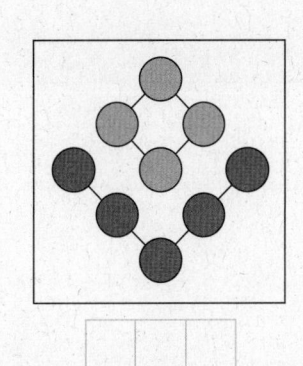

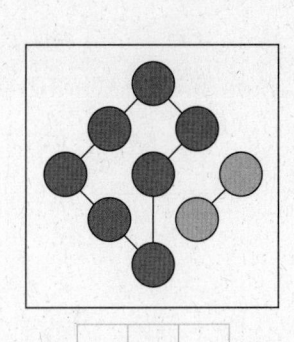

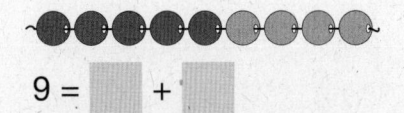

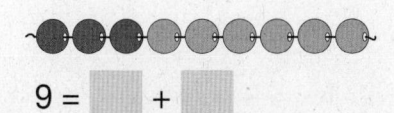

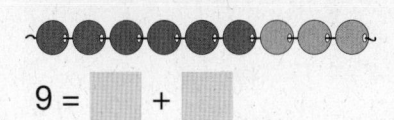

**3.**
9 = 4 + ☐     9 = ☐ + ☐     9 = ☐ + ☐ 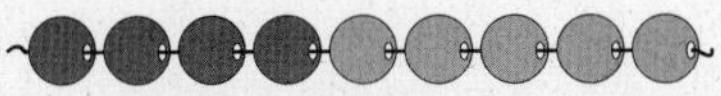
9 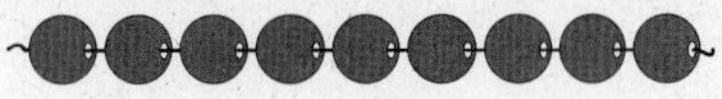 = ☐ + ☐     9 = ☐ + ☐     9 = ☐ + ☐ 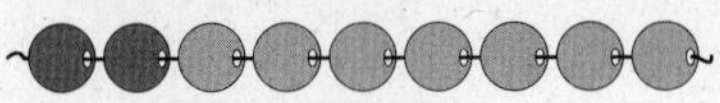

**4.** 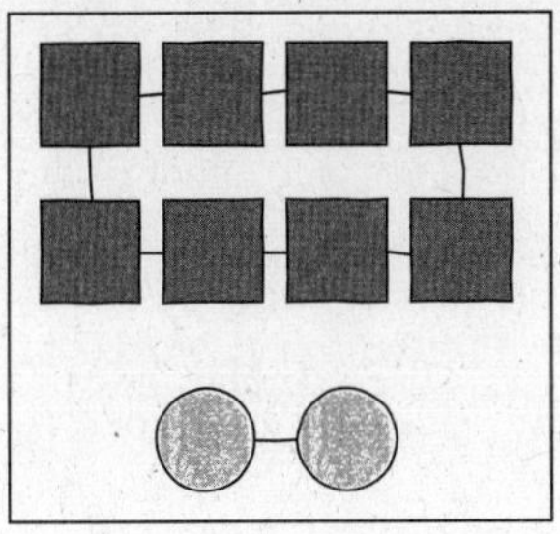
8 + 2 = 10     5 + 5 = ☐     3 + 7 = ☐     4 + 6 = ☐

**5.**
6 + 4 = ☐     9 + 1 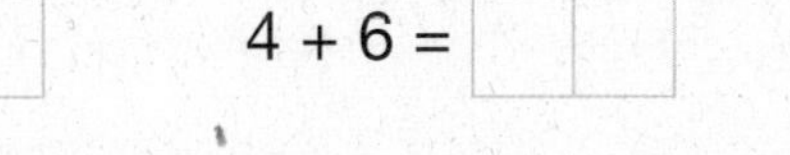 = ☐     7 + 3 = ☐ 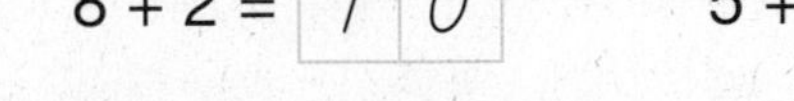
2 + 8 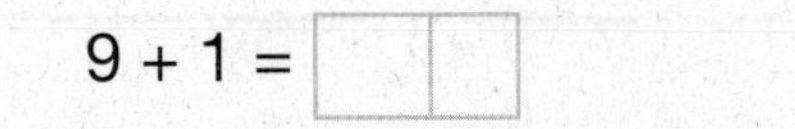 = ☐     1 + 9 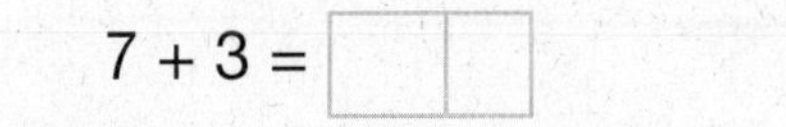 = ☐     10 + 0 = ☐

**6.** 0  1  2  3  4  5  6  7  8  9  10

# Zerlegen – Zahlenfolge

**1.** Immer 10!

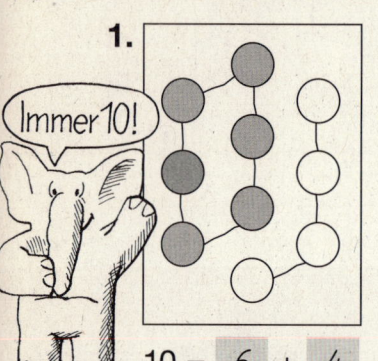

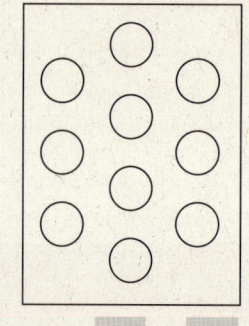

10 = 6 + 4  10 = ☐ + ☐  10 = ☐ + ☐

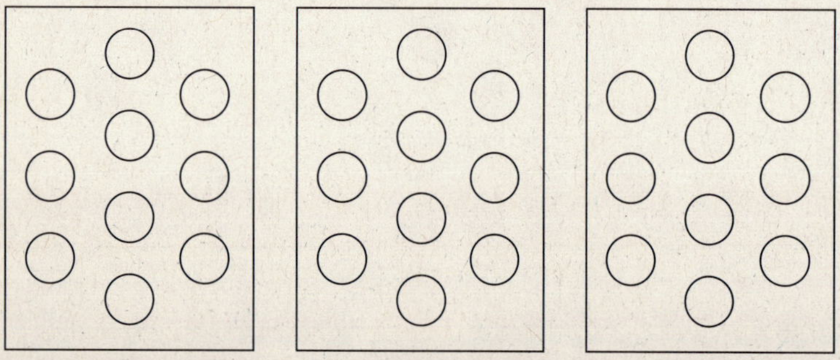

10 = ☐ + ☐  10 = ☐ + ☐  10 = ☐ + ☐

**2.** Immer 10 — 6 + 4

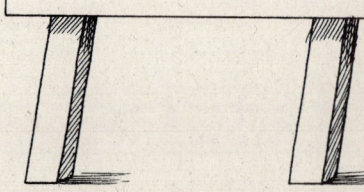

**3.**
| | | | |
|---|---|---|---|
| 10 = 3 + ☐ | 10 = 9 + ☐ | 9 = 9 + ☐ | 7 = 1 + ☐ |
| 9 = 3 + ☐ | 10 = 8 + ☐ | 9 = 8 + ☐ | 8 = 1 + ☐ |
| 8 = 3 + ☐ | 10 = 7 + ☐ | 9 = 6 + ☐ | 9 = 1 + ☐ |
| 7 = 3 + ☐ | 10 = 5 + ☐ | 9 = 5 + ☐ | 10 = 2 + ☐ |

**4.**
| | | | |
|---|---|---|---|
| 10 = ☐ + 4 | 9 = ☐ + 4 | 10 = ☐ + 9 | 9 = ☐ + 7 |
| 10 = ☐ + 2 | 9 = ☐ + 2 | 10 = ☐ + 6 | 9 = ☐ + 8 |
| 10 = ☐ + 0 | 9 = ☐ + 0 | 10 = ☐ + 8 | 9 = ☐ + 6 |
| 10 = ☐ + 1 | 9 = ☐ + 1 | 10 = ☐ + 7 | 9 = ☐ + 9 |

**5.**

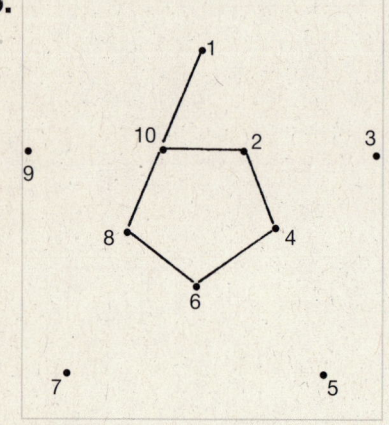

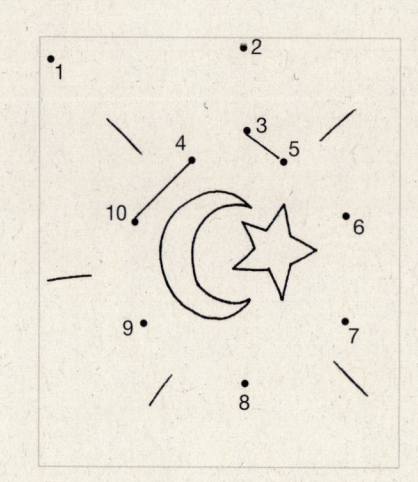

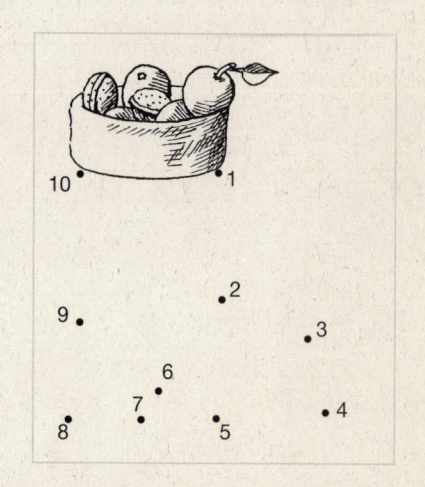

# Die Zahlen bis 20

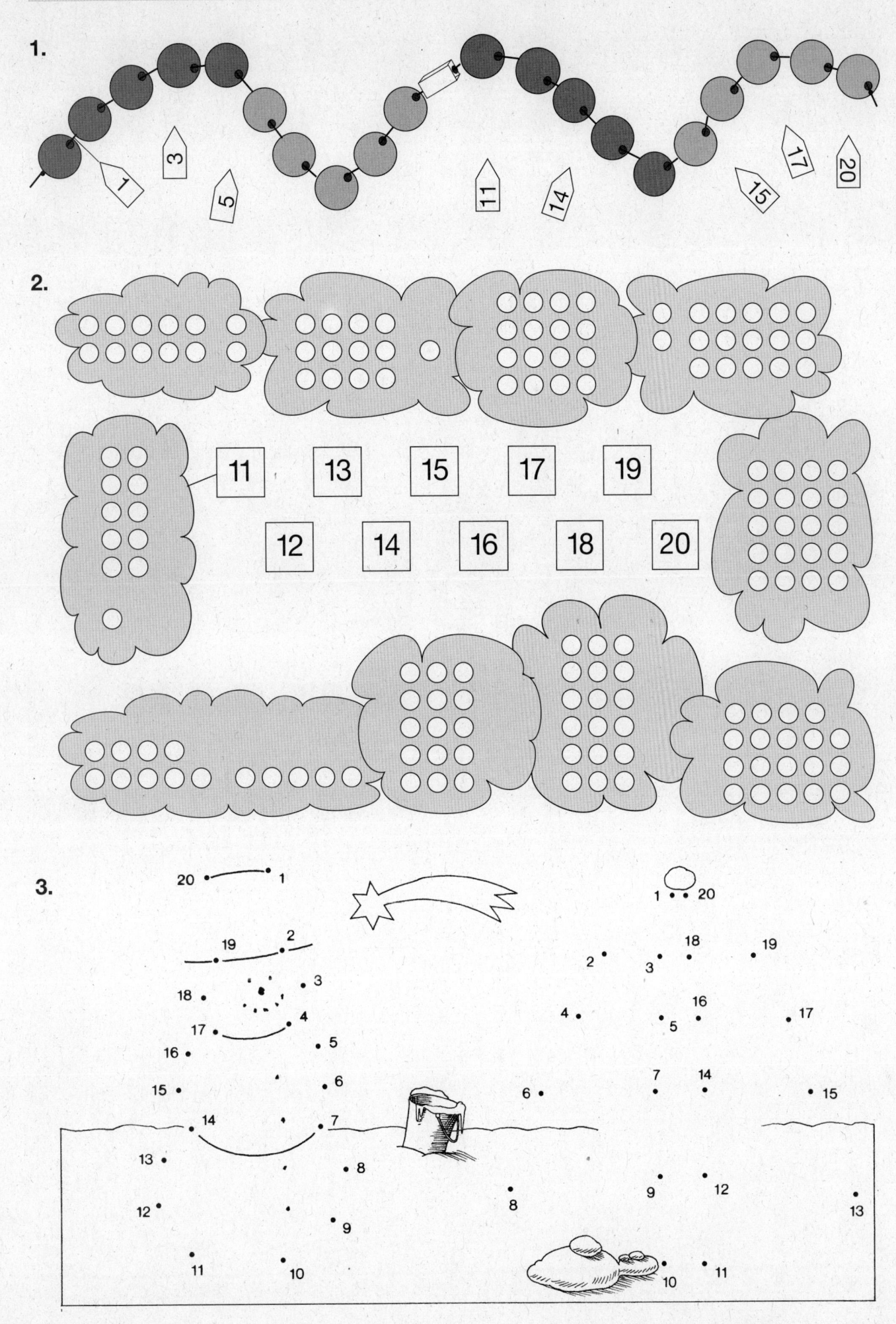

**1.**

1   3   5   11   14   15   17   20

**2.**

11   13   15   17   19
12   14   16   18   20

**3.**

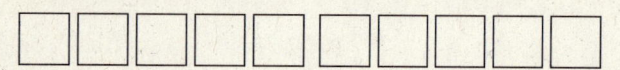

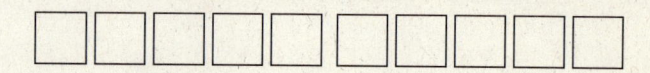

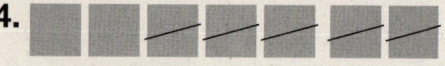

## Addieren und Subtrahieren

**1.** 6 + 3 =      8 + 2 =

4 + 3 =      2 + 5 =

**2.**
| 5 + 4 = | 3 + 5 = | 1 + 8 = | 0 + 3 = | 3 + 3 = |
| 4 + 5 = | 5 + 3 = | 8 + 1 = | 3 + 0 = | 3 + 4 = |
| 6 + 2 = | 7 + 0 = | 3 + 1 = | 7 + 2 = | 6 + 1 = |
| 2 + 6 = | 0 + 7 = | 1 + 3 = | 1 + 7 = | 1 + 6 = |

**3.**
| 3 + ☐ = 7 | 1 + ☐ = 8 | 4 + ☐ = 7 | 5 + ☐ = 9 | 2 + ☐ = 8 |
| 3 + ☐ = 6 | 1 + ☐ = 5 | 4 + ☐ = 10 | 5 + ☐ = 7 | 2 + ☐ = 7 |
| 3 + ☐ = 9 | 1 + ☐ = 7 | 4 + ☐ = 6 | 5 + ☐ = 6 | 2 + ☐ = 9 |
| 3 + ☐ = 8 | 1 + ☐ = 6 | 4 + ☐ = 11 | 6 + ☐ = 8 | 6 + ☐ = 6 |

**4.** 7 − 5 =      8 − 6 =

9 − 7 =      10 − 8 =

**5.**
| 9 − 5 = | 10 − 8 = | 8 − 8 = | 9 − 8 = | 6 − 6 = |
| 8 − 6 = | 8 − 4 = | 10 − 9 = | 7 − 1 = | 10 − 0 = |
| 7 − 4 = | 9 − 2 = | 7 − 0 = | 8 − 5 = | 11 − 2 = |
| 6 − 3 = | 7 − 5 = | 9 − 6 = | 8 − 7 = | 10 − 7 = |

**6.** 10 − 1,  11 − 2,  5 + 3,  10 − 8,  8 − 6,  9 − 3,  10 − 4,  12 − 6,  1 + 3,  4 + 2,  7 + 2,  3 + 4,  9 − 5,  7 − 5,  9 − 4

Sparbüchsen: 9, 2, 6

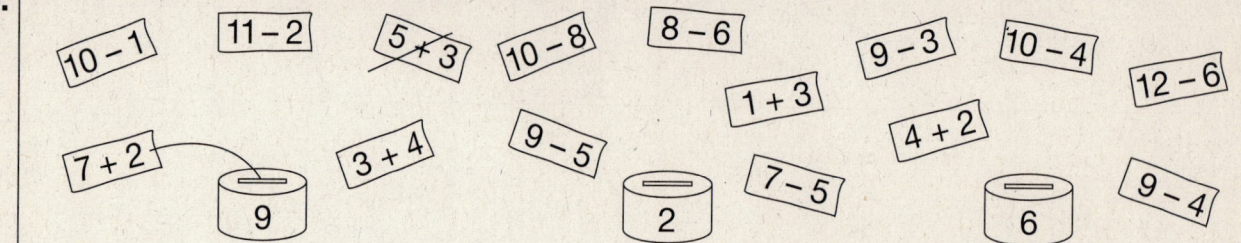

# Rechnen mit drei Zahlen

**1.** ☐ + ☐ + ☐ = ☐     ☐ + ☐ + ☐ = ☐     ☐ + ☐ + ☐ = ☐

**2.** 2 + 3 + 4 =     1 + 2 + 3 =     1 + 5 + 2 =     4 + 2 + 4 =
   2 + 2 + 2 =     3 + 3 + 3 =     2 + 5 + 3 =     0 + 4 + 2 =
   3 + 3 + 2 =     4 + 0 + 6 =     2 + 3 + 2 =     5 + 1 + 2 =
   4 + 1 + 4 =     3 + 2 + 3 =     2 + 4 + 0 =     2 + 5 + 0 =

**3.** 1 + 5 + 3 =     3 + 4 + 0 =     0 + 2 + 5 =     4 + 4 + 1 =
   6 + 1 + 2 =     1 + 5 + 1 =     5 + 2 + 0 =     8 + 1 + 1 =
   2 + 7 + 0 =     4 + 2 + 1 =     2 + 0 + 5 =     4 + 3 + 1 =
   3 + 0 + 6 =     3 + 1 + 3 =     0 + 5 + 2 =     7 + 2 + 1 =

**4.** 10 − 4 − 2 =     7 − 1 − 6 =     9 − 1 − 4 =

   10 − 3 − 4 =     9 − 6 − 1 =     8 − 3 − 4 =

**5.** 6 − 4 − 1 =     9 − 1 − 3 =     5 − 3 − 1 =     9 − 2 − 5 =
   7 − 1 − 3 =     10 − 4 − 2 =     8 − 4 − 2 =     6 − 4 − 2 =
   8 − 2 − 3 =     8 − 1 − 1 =     7 − 5 − 2 =     7 − 0 − 4 =
   9 − 7 − 0 =     6 − 0 − 2 =     6 − 2 − 4 =     10 − 0 − 4 =

**6.** 9 − 3 − 4 =     10 − 9 − 1 =     8 − 1 − 7 =     7 − 0 − 1 =
   9 − 2 − 3 =     10 − 8 − 2 =     8 − 2 − 6 =     7 − 1 − 2 =
   9 − 1 − 2 =     10 − 7 − 3 =     8 − 3 − 5 =     7 − 2 − 3 =
   9 − 0 − 1 =     10 − 6 − 4 =     8 − 4 − 4 =     7 − 3 − 4 =

# Addieren und Subtrahieren – Ergänzen

**1.** 2 + ☐ = 8    6 + ☐ = 10    3 + ☐ = 7    4 + ☐ = 9    6 + ☐ = 12

**2.**
1 + ☐ = 10    1 + ☐ = 8    5 + ☐ = 10    0 + ☐ = 6    9 + ☐ = 10
2 + ☐ = 10    3 + ☐ = 8    6 + ☐ = 9     2 + ☐ = 6    4 + ☐ = 8
3 + ☐ = 10    5 + ☐ = 8    7 + ☐ = 8     4 + ☐ = 6    2 + ☐ = 9

**3.** ☐ + 3 = 8    ☐ + 1 = 4    ☐ + 5 = 7    ☐ + 1 = 7    ☐ + 4 = 8

**4.**
☐ + 3 = 7    ☐ + 2 = 9    ☐ + 1 = 6     ☐ + 5 = 10   ☐ + 0 = 7
☐ + 4 = 8    ☐ + 6 = 7    ☐ + 4 = 10    ☐ + 4 = 9    ☐ + 6 = 8
☐ + 5 = 9    ☐ + 8 = 10   ☐ + 3 = 9     ☐ + 3 = 8    ☐ + 9 = 9

**5.**

| 5 | 9 | 10 | 8 | 7 |
|---|---|----|---|---|
| 3 + | 3 + | + 4 | + 4 | + 6 |
| 4 + | 5 + | + 7 | + 3 | + 5 |
| 1 + | 7 + | + 0 | + 1 | + 0 |
| 5 + | 6 + | + 8 | + 6 | + 2 |

**6.**
9 − ☐ = 1    8 − ☐ = 7    7 − ☐ = 7    6 − ☐ = 5    10 − ☐ = 1
9 − ☐ = 2    8 − ☐ = 6    7 − ☐ = 6    8 − ☐ = 4    10 − ☐ = 3
9 − ☐ = 3    8 − ☐ = 5    7 − ☐ = 5    9 − ☐ = 6    10 − ☐ = 5

**7.**
10 − ☐ = 4    8 − ☐ = 2    10 − ☐ = 2    9 − ☐ = 5    5 − ☐ = 0
10 − ☐ = 6    7 − ☐ = 3    7 − ☐ = 1     5 − ☐ = 2    6 − ☐ = 2
10 − ☐ = 8    6 − ☐ = 4    4 − ☐ = 0     8 − ☐ = 3    9 − ☐ = 4

**8.**
9 = 6 + 2 + ☐    5 = 3 + 2 + ☐    6 = 4 + 1 + ☐    9 = 4 + 3 + ☐
8 = 6 + 1 + ☐    6 = 3 + 3 + ☐    9 = 2 + 5 + ☐    7 = 2 + 4 + ☐

# Addieren und Subtrahieren – Umkehraufgaben

**1.**

5 + 2 = 7 ———— ☐ − 2 = ☐

☐ − 6 = ☐ ———— ☐ + 6 = ☐

**2. Rechne auch die Umkehraufgabe.**

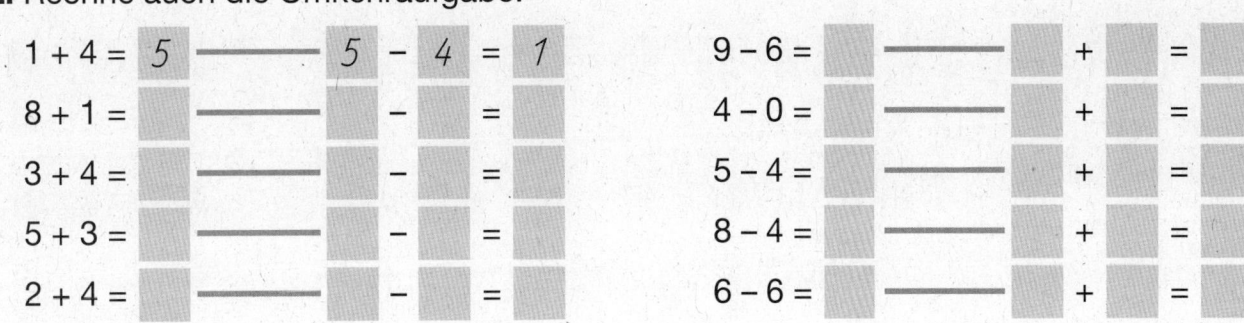

1 + 4 = 5 ———— 5 − 4 = 1
8 + 1 = ☐ ———— ☐ − ☐ = ☐
3 + 4 = ☐ ———— ☐ − ☐ = ☐
5 + 3 = ☐ ———— ☐ − ☐ = ☐
2 + 4 = ☐ ———— ☐ − ☐ = ☐

9 − 6 = ☐ ———— ☐ + ☐ = ☐
4 − 0 = ☐ ———— ☐ + ☐ = ☐
5 − 4 = ☐ ———— ☐ + ☐ = ☐
8 − 4 = ☐ ———— ☐ + ☐ = ☐
6 − 6 = ☐ ———— ☐ + ☐ = ☐

**3. Rechne aus.**

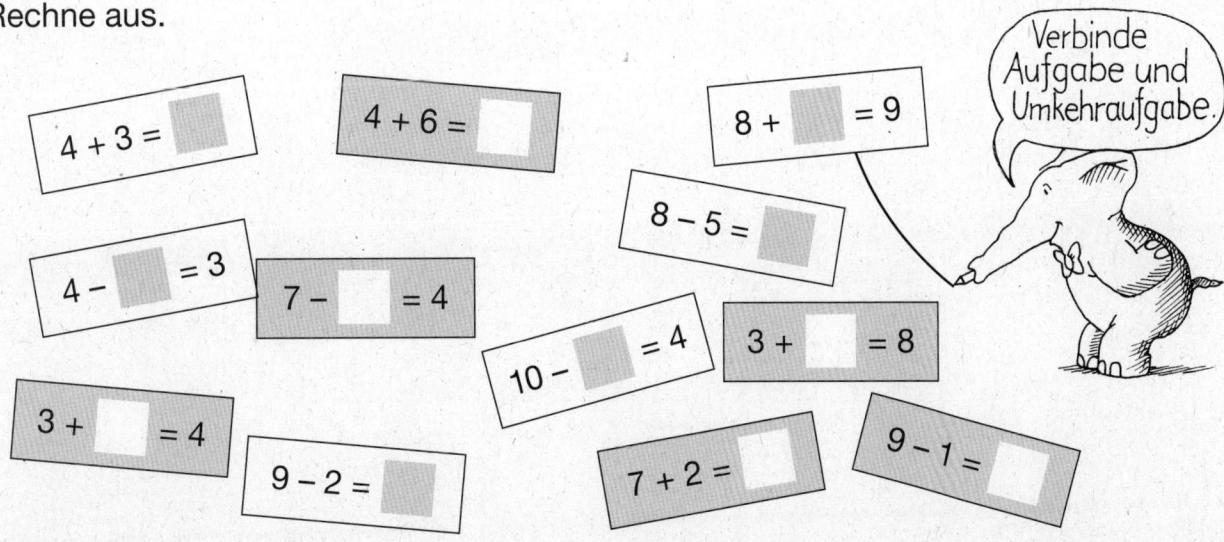

Verbinde Aufgabe und Umkehraufgabe.

4 + 3 = ☐
4 + 6 = ☐
8 + ☐ = 9
8 − 5 = ☐
4 − ☐ = 3
7 − ☐ = 4
10 − ☐ = 4
3 + ☐ = 8
3 + ☐ = 4
9 − 2 = ☐
7 + 2 = ☐
9 − 1 = ☐

## Addieren am Zahlenstrahl

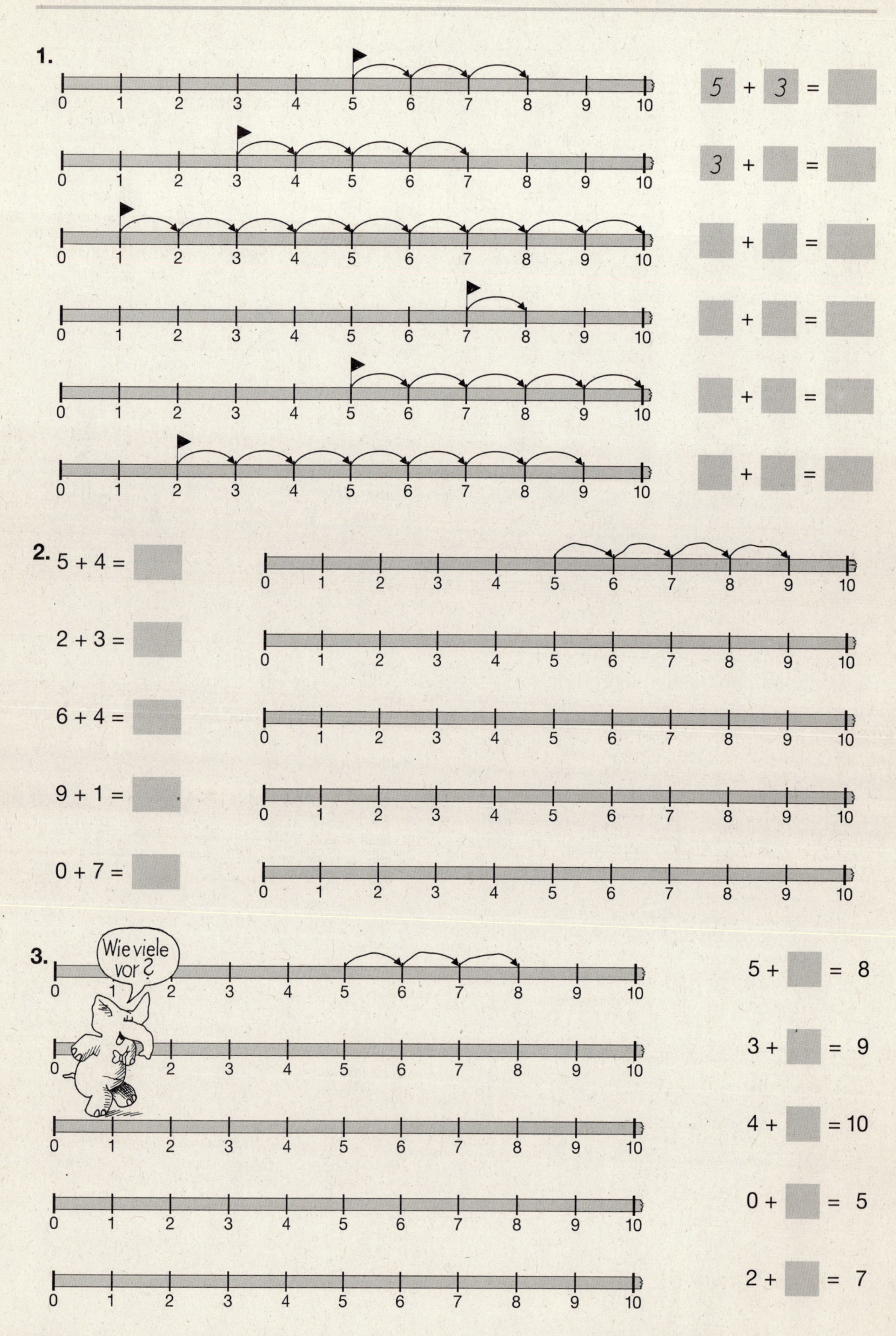

**1.**

5 + 3 = 8

3 + 4 = 7

1 + 8 = 9

7 + 1 = 8

5 + 5 = 10

2 + 6 = 8

**2.**
5 + 4 = 9
2 + 3 = 5
6 + 4 = 10
9 + 1 = 10
0 + 7 = 7

**3.** Wie viele vor?

5 + 3 = 8
3 + 6 = 9
4 + 6 = 10
0 + 5 = 5
2 + 5 = 7

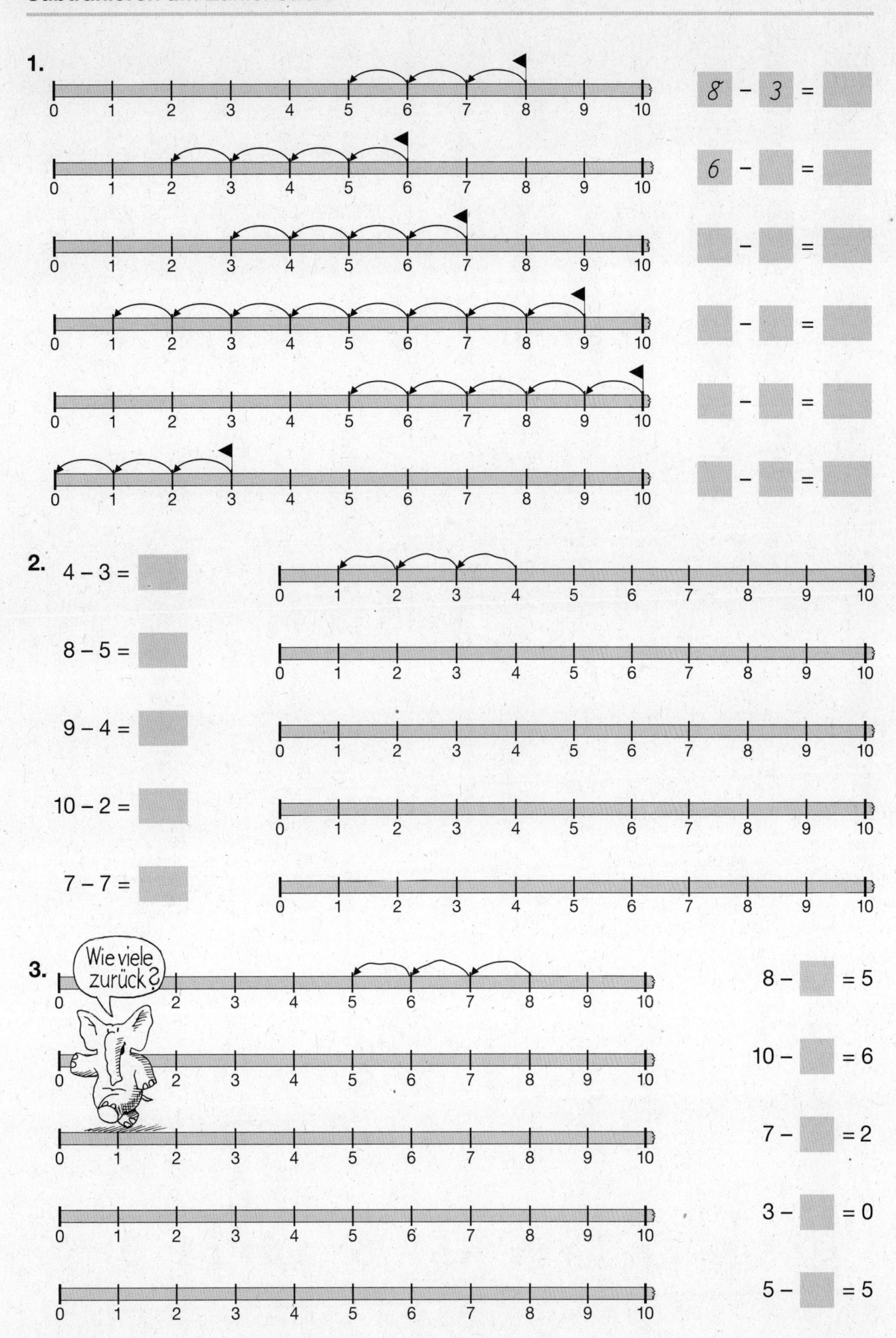

# Subtrahieren am Zahlenstrahl

**1.**

8 − 3 = 5

6 − 4 = 2

7 − 4 = 3

9 − 8 = 1

10 − 5 = 5

3 − 3 = 0

**2.**

4 − 3 = 1

8 − 5 =

9 − 4 =

10 − 2 =

7 − 7 =

**3.** Wie viele zurück?

8 − 3 = 5

10 − 4 = 6

7 − 5 = 2

3 − 3 = 0

5 − 0 = 5

# Rechnen am Zahlenstrahl

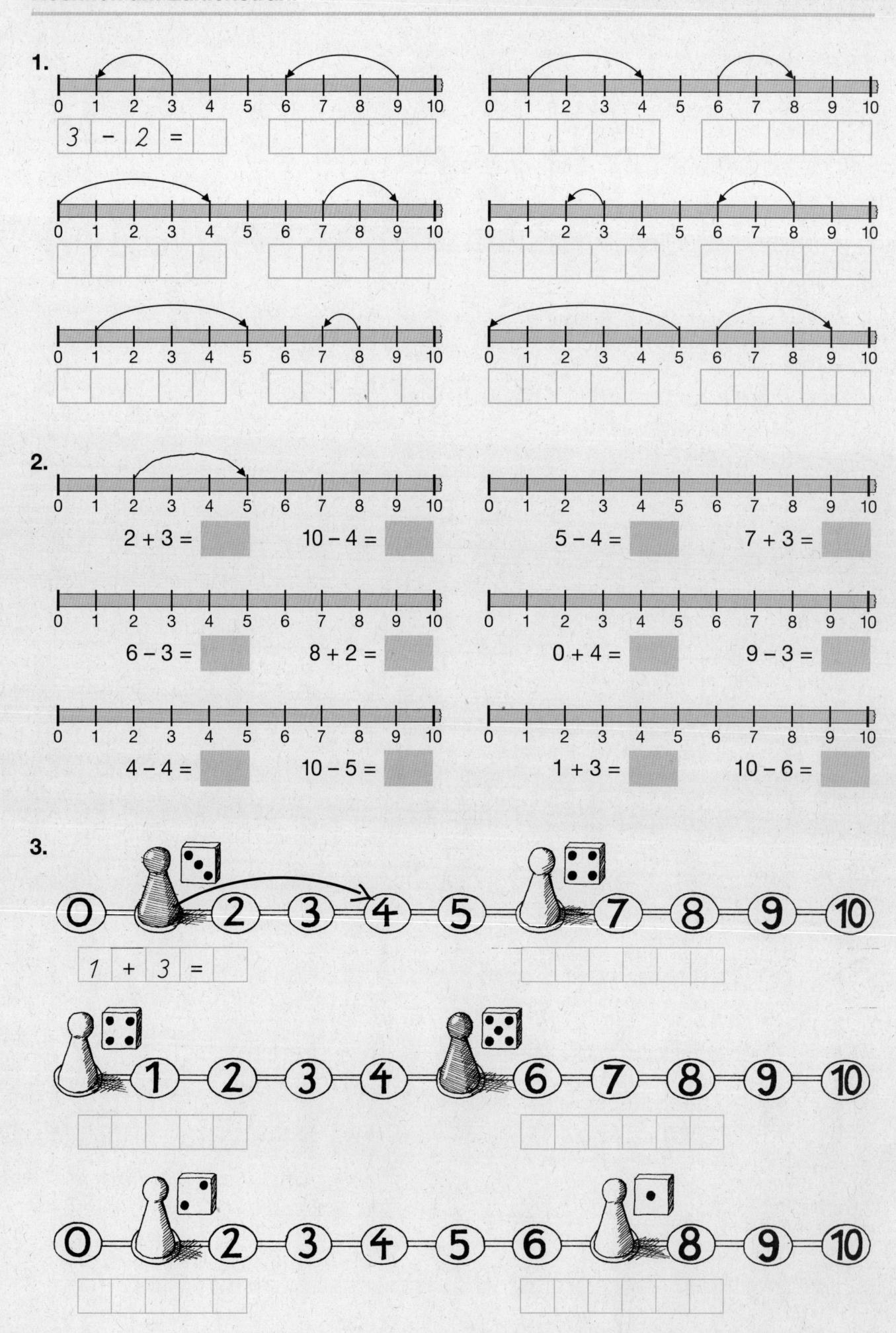

**1.**

3 − 2 =

**2.**

2 + 3 = 　　10 − 4 = 　　　　5 − 4 = 　　7 + 3 =

6 − 3 = 　　8 + 2 = 　　　　0 + 4 = 　　9 − 3 =

4 − 4 = 　　10 − 5 = 　　　　1 + 3 = 　　10 − 6 =

**3.**

1 + 3 =

# Rechenvorschriften

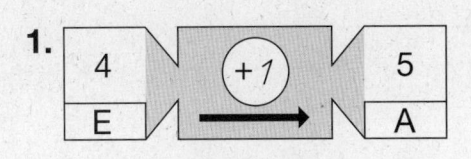

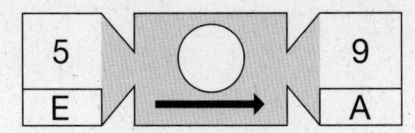

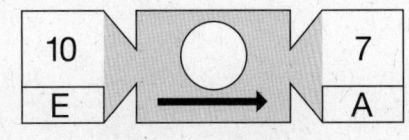

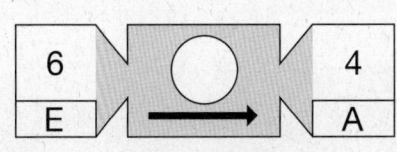

**1.**

| E | | A | | E | | A | | E | | A |
|---|---|---|---|---|---|---|---|---|---|---|
| 4 | +1 → | 5 | | 8 | ○ → | 10 | | 5 | ○ → | 9 |

| 3 | ○ → | 6 | | 4 | ○ → | 9 | | 5 | ○ → | 8 |
|---|---|---|---|---|---|---|---|---|---|---|

**2.**
3 —+6→ 9   2 —→ 4   8 —→ 10   2 —→ 8
7 —→ 10   6 —→ 8   7 —→ 8   5 —→ 8
4 —→ 6   3 —→ 4   1 —→ 8   9 —→ 12

**3.**
6 —+3→ 9    4 —+5→ □    5 —+4→ □    2 —+6→ □
8 —+1→ □    3 —+5→ □    7 —+2→ □    1 —+8→ □
4 —+2→ □    6 —+2→ □    9 —+1→ □    5 —+2→ □
1 —+5→ □    4 —+4→ □    7 —+3→ □    6 —+4→ □

**4.**

| 9 | −4 → | 5 | | 10 | ○ → | 7 | | 6 | ○ → | 4 |
|---|---|---|---|---|---|---|---|---|---|---|
| E | | A | | E | | A | | E | | A |

| 4 | ○ → | 0 | | 5 | ○ → | 3 | | 9 | ○ → | 4 |
|---|---|---|---|---|---|---|---|---|---|---|

**5.**
4 —−3→ □    5 —−2→ □    1 —−1→ □    10 —−2→ □
3 —−3→ □    6 —−4→ □    10 —−10→ □    13 —−2→ □
8 —−3→ □    9 —−3→ □    8 —−0→ □    11 —−2→ □
7 —−3→ □    6 —−6→ □    11 —−1→ □    12 —−2→ □

**6.**

| +3 | | | +5 | | | +2 | | | −5 | | | −3 | |
|----|--|--|----|--|--|----|--|--|----|--|--|----|--|
| E | A | | E | A | | E | A | | E | A | | E | A |
| 4 | 7 | | 1 |   | | 1 | 3 | | 10 |   | | 5 |   |
| 7 |   | | 4 |   | |   | 5 | | 8 |   | | 8 |   |
| 3 |   | | 3 |   | |   | 4 | | 9 |   | | 10 |   |
| 0 |   | | 5 |   | |   | 10 | | 6 |   | | 9 |   |
| 8 |   | | 6 |   | |   | 12 | | 5 |   | | 12 |   |

25

# Bündeln – Zehner und Einer

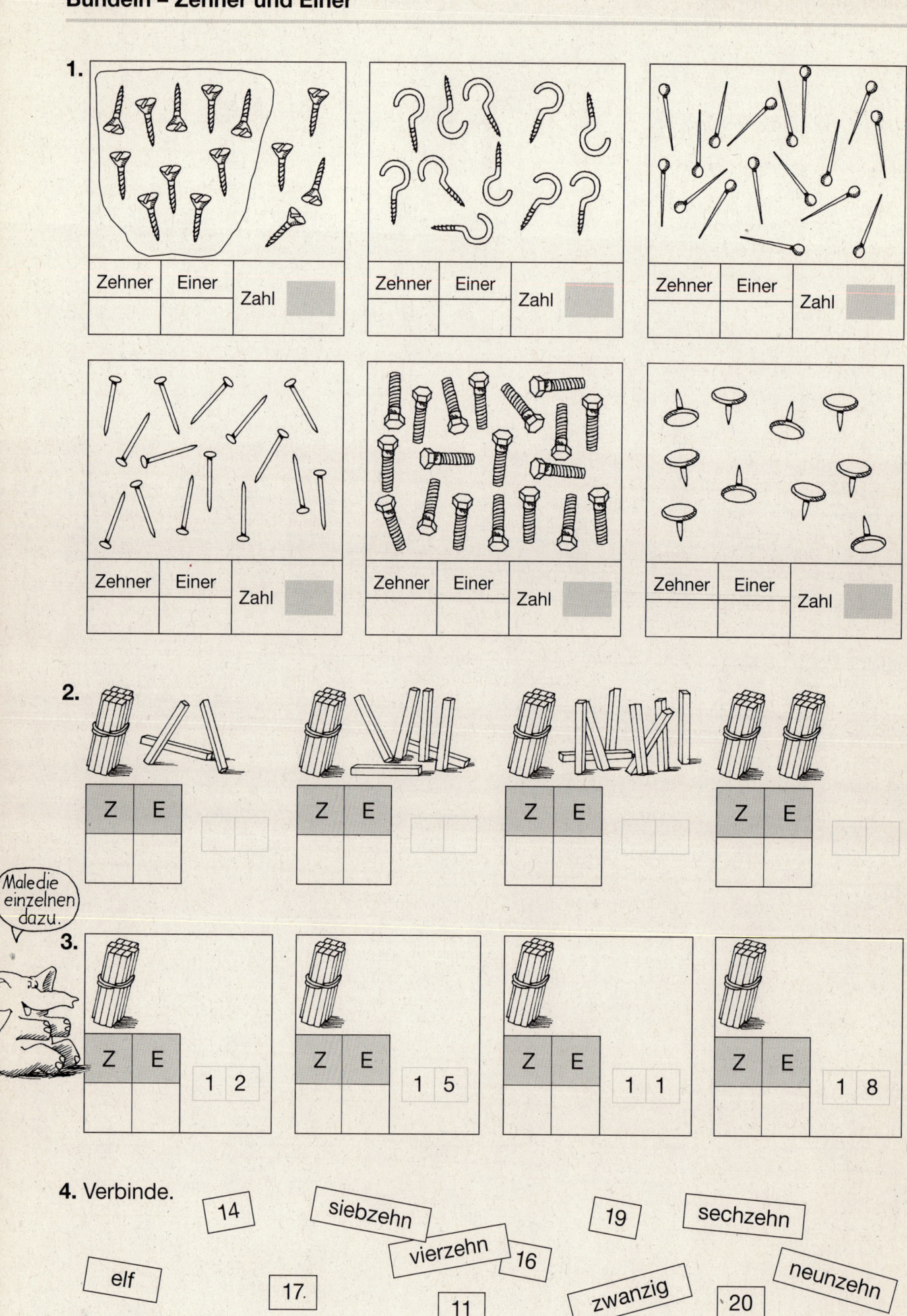

**1.**

| Zehner | Einer | Zahl |
|---|---|---|
|  |  |  |

| Zehner | Einer | Zahl |
|---|---|---|
|  |  |  |

| Zehner | Einer | Zahl |
|---|---|---|
|  |  |  |

| Zehner | Einer | Zahl |
|---|---|---|
|  |  |  |

| Zehner | Einer | Zahl |
|---|---|---|
|  |  |  |

| Zehner | Einer | Zahl |
|---|---|---|
|  |  |  |

**2.**

| Z | E |
|---|---|
|  |  |

| Z | E |
|---|---|
|  |  |

| Z | E |
|---|---|
|  |  |

| Z | E |
|---|---|
|  |  |

*Male die einzelnen dazu.*

**3.**

| Z | E |
|---|---|
| 1 | 2 |

| Z | E |
|---|---|
| 1 | 5 |

| Z | E |
|---|---|
| 1 | 1 |

| Z | E |
|---|---|
| 1 | 8 |

**4. Verbinde.**

14    siebzehn    19    sechzehn

vierzehn    16

elf    17.    11    zwanzig    20    neunzehn

# Rechnen mit der Zahl 10

**1.**

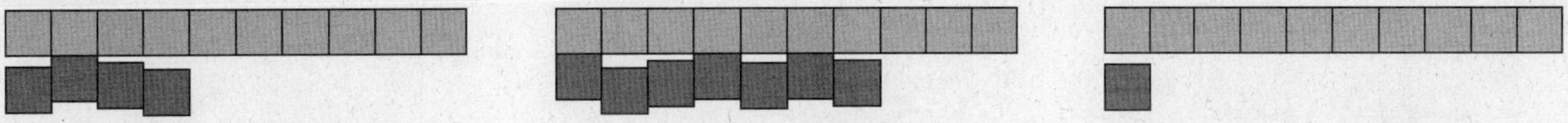

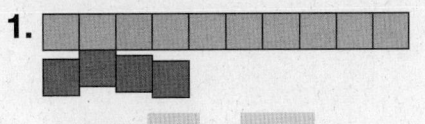

10 + ☐ = ☐   10 + ☐ = ☐   10 + ☐ = ☐

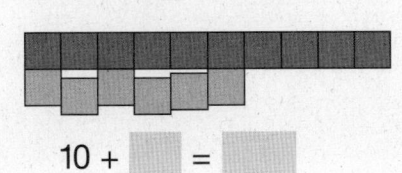

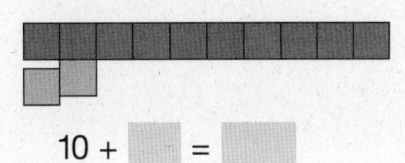

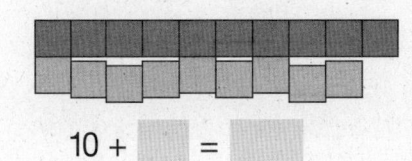

10 + ☐ = ☐   10 + ☐ = ☐   10 + ☐ = ☐

**2.**  10 + 5 = ☐     9 + 10 = ☐
10 + 1 = ☐     3 + 10 = ☐
10 + 6 = ☐     8 + 10 = ☐
10 + 2 = ☐     4 + 10 = ☐

**3.**  10 + ☐ = 17     10 + ☐ = 20
10 + ☐ = 10     6 + ☐ = 16
10 + ☐ = 15     3 + ☐ = 13
10 + ☐ = 12     8 + ☐ = 18

**4.**

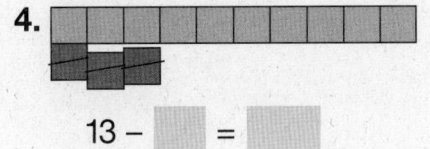

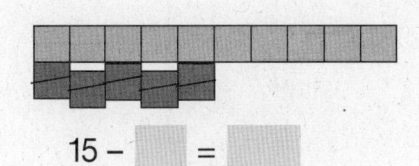

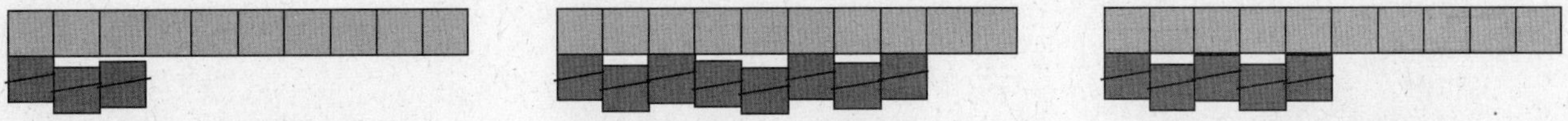

13 − ☐ = ☐     18 − ☐ = ☐     15 − ☐ = ☐

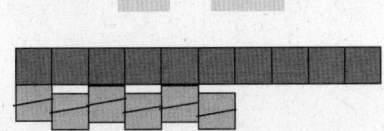

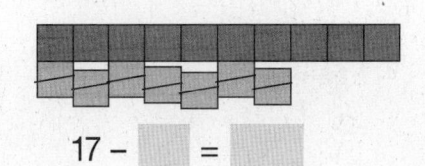

16 − ☐ = ☐     12 − ☐ = ☐     17 − ☐ = ☐

**5.**  14 − 4 = ☐     11 − 1 = ☐
16 − 6 = ☐     18 − 8 = ☐
12 − 2 = ☐     13 − 3 = ☐
19 − 9 = ☐     15 − 5 = ☐

**6.**  12 − ☐ = 10     17 − ☐ = 10
15 − ☐ = 10     11 − ☐ = 10
13 − ☐ = 10     10 − ☐ = 10
19 − ☐ = 10     14 − ☐ = 10

**7.**

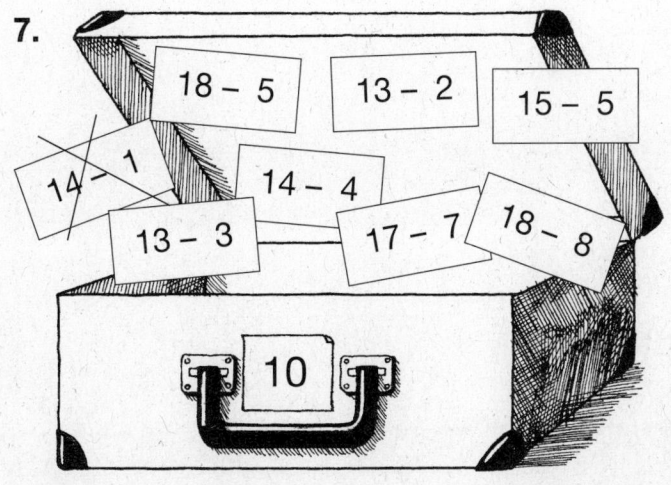

Koffer 1: 18 − 5,  13 − 2,  15 − 5,  ~~14 − 1~~,  14 − 4,  13 − 3,  17 − 7,  18 − 8

Koffer 2: 17 − 7,  ☐ − 6,  ☐ − 10,  ☐ − 1,  ☐ − 4,  ☐ − 5,  ☐ − 2,  ☐ − 8

# Rechnen im zweiten Zehner

**1.**

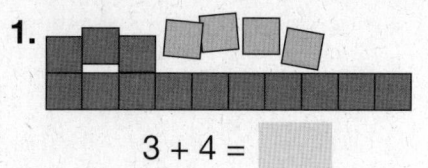

3 + 4 =
13 + 4 =

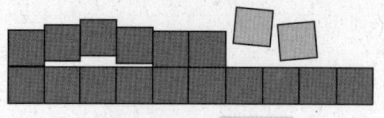

6 + 2 =
16 + 2 =

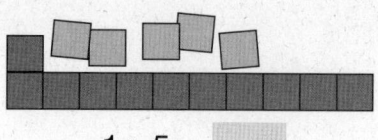

1 + 5 =
11 + 5 =

**2. Was paßt zusammen?**

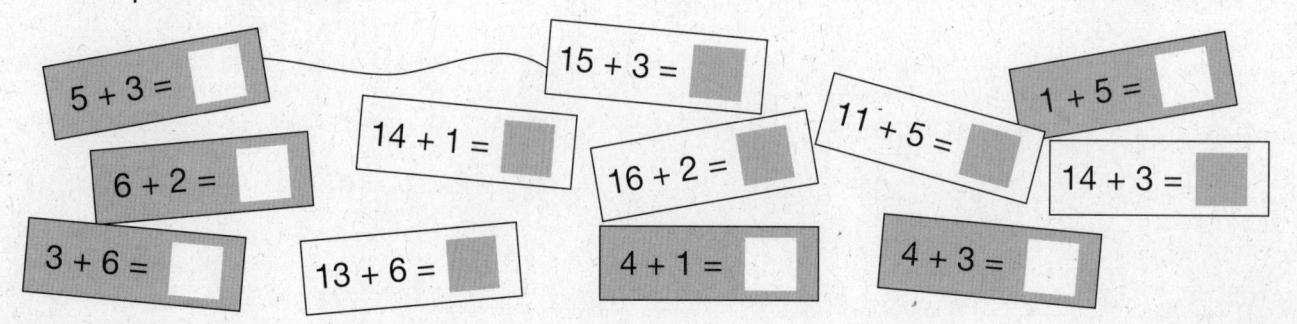

5 + 3 =
15 + 3 =
14 + 1 =
1 + 5 =
6 + 2 =
16 + 2 =
11 + 5 =
14 + 3 =
3 + 6 =
13 + 6 =
4 + 1 =
4 + 3 =

**3.**
15 + 4 =
11 + 6 =
13 + 2 =

17 + 2 =
18 + 2 =
12 + 2 =

10 + 4 =
12 + 4 =
14 + 4 =

18 + 1 =
16 + 1 =
14 + 1 =

**4. Was paßt zusammen?**

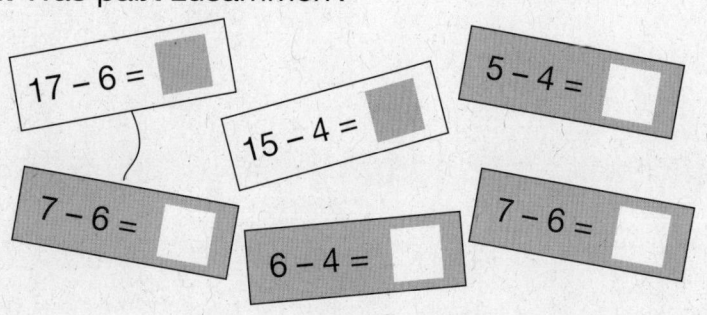

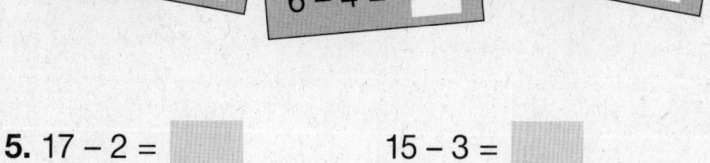

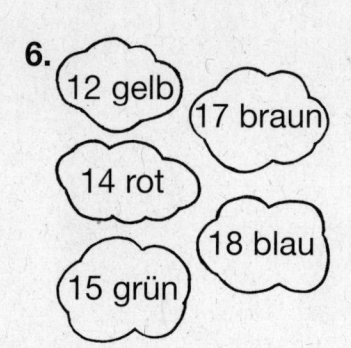

17 − 6 =
15 − 4 =
5 − 4 =
15 − 1 =
3 − 1 =
7 − 6 =
6 − 4 =
7 − 6 =
16 − 4 =
5 − 1 =
17 − 6 =
13 − 1 =

**5.**
17 − 2 =
17 − 6 =
17 − 1 =

15 − 3 =
15 − 5 =
15 − 1 =

19 − 6 =
19 − 1 =
19 − 8 =

16 − 0 =
16 − 5 =
16 − 3 =

**6.**
12 gelb
17 braun
14 rot
18 blau
15 grün

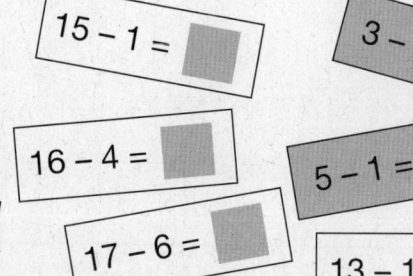

10+3, 14+2, 3+16, 11+3, 12+1, 5+11, 13+3, 16−6
4+14, 1+17, 14+1, 15−1, 2+16, 19−1
13+5, 0+14, 14−2, 11+7, 1+11, 13+2, 12+6
10+8, 13+1, 15+3, 18−4
10+4, 15+0, 4+10, 16+2, 7+11, 15−1, 17+1, 14+4
10+2, 3+11, 12+2, 1+13, 16−2, 14+0, 17−5, 3+12
19−2, 13+4, 12+5, 16+1, 18−1
19−4, 12+3, 11+4, 10+5, 2+12, 17−3, 17−2, 5+10, 1+14, 16−1
11+6

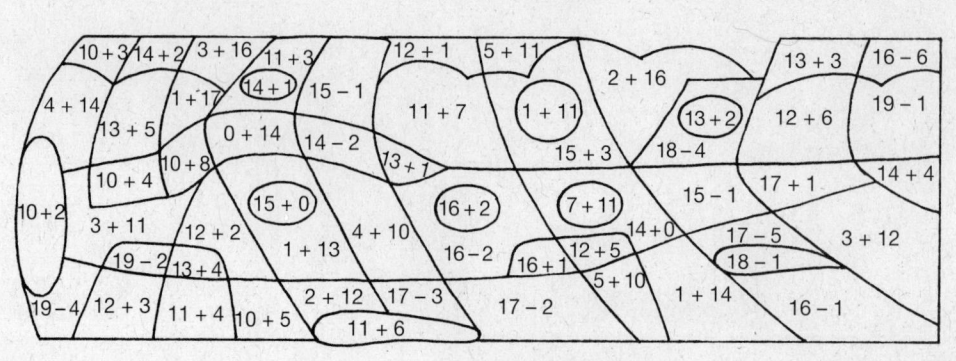

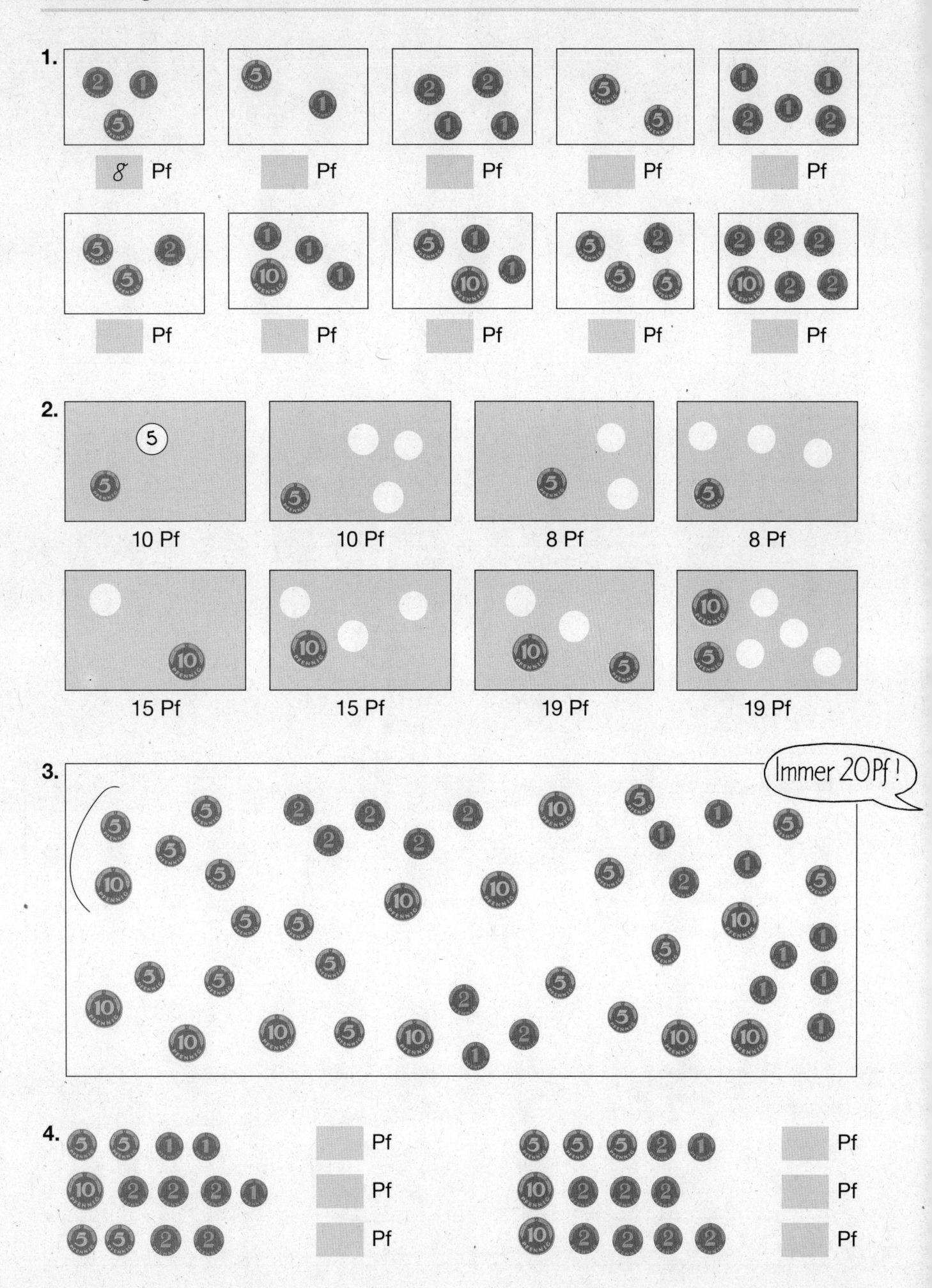

# Geldbeträge bis 20 Pf

**1.** 

8 Pf   ___ Pf   ___ Pf   ___ Pf   ___ Pf

___ Pf   ___ Pf   ___ Pf   ___ Pf   ___ Pf

**2.**

10 Pf   10 Pf   8 Pf   8 Pf

15 Pf   15 Pf   19 Pf   19 Pf

**3.** Immer 20 Pf!

**4.**

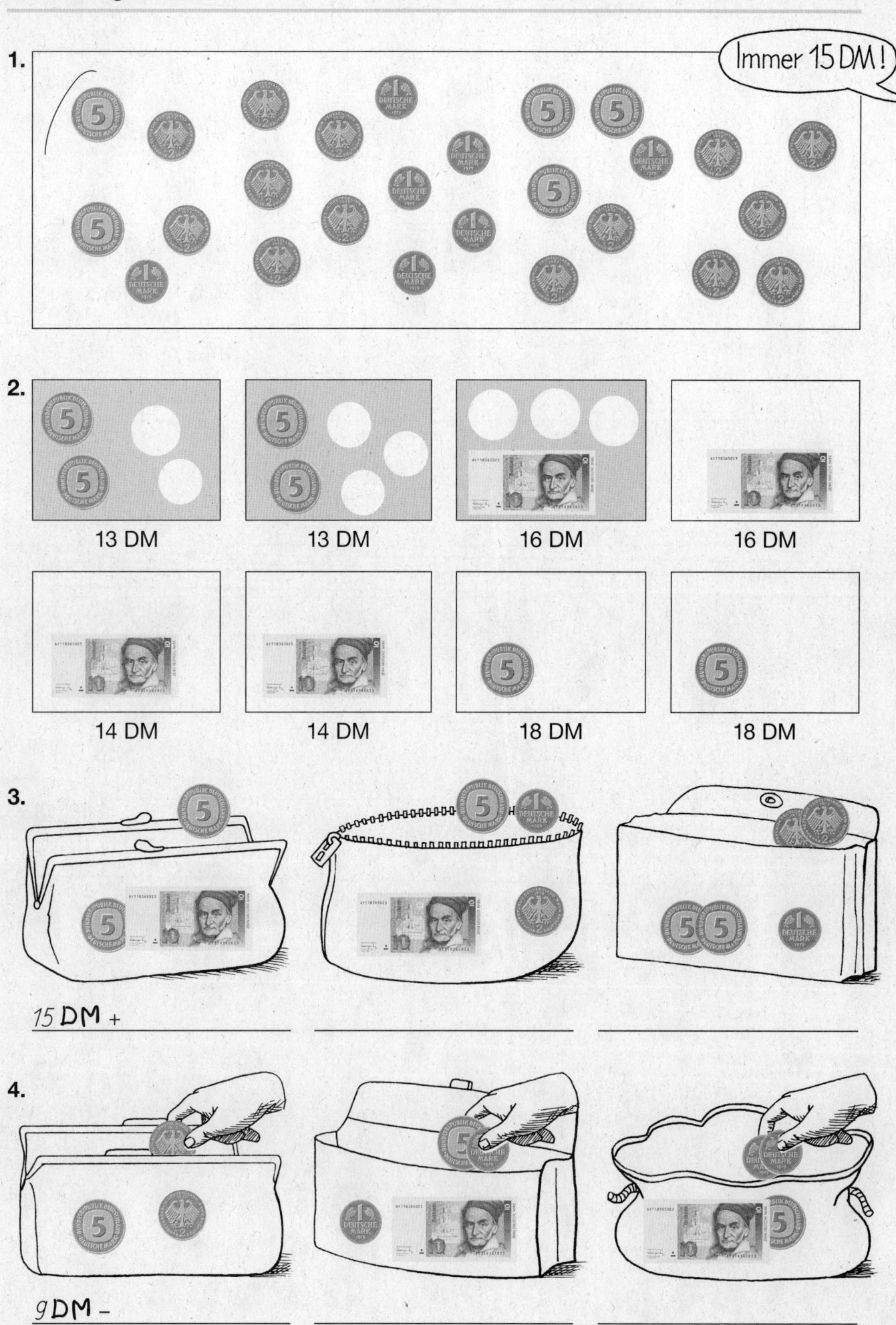

# Geldbeträge bis 20 DM

**1.** Immer 15 DM!

**2.**
13 DM  13 DM  16 DM  16 DM
14 DM  14 DM  18 DM  18 DM

**3.**
15 DM +

**4.**
9 DM −

# Rechentafeln

**1.**

| + | 4 | 6 |
|---|---|---|
| 2 | 2 + 4 = 6 | |
| 4 | | |
| 11 | | |
| 14 | | |

2 + 4 = 6 ~~(crossed out)~~
11 + 4 =
14 + 4 =
4 + 4 =
4 + 6 =
14 + 6 =
2 + 6 =
11 + 6 =

**2.**

| − | 3 | 7 |
|---|---|---|
| 8 | | |
| 10 | | |
| 18 | | |
| 20 | | |

8 − 3 =
18 − 3 =
20 − 3 =
10 − 7 =
18 − 7 =
10 − 3 =
8 − 7 =
20 − 7 =

**3.**

| + | 2 | 0 | 4 | 3 |
|---|---|---|---|---|
| 5 | | | | |
| 15 | | | | |
| 16 | | | | |

| + | 6 | 1 | 4 | 7 |
|---|---|---|---|---|
| 11 | | | | |
| 3 | | | | |
| 0 | | | | |

| + | 3 | 0 | 5 | 2 |
|---|---|---|---|---|
| 1 | | | | |
| 5 | | | | |
| 15 | | | | |

**4.**

| − | 4 | 1 | 7 | 5 |
|---|---|---|---|---|
| 17 | | | | |
| 7 | | | | |
| 9 | | | | |

| − | 5 | 8 | 2 | 4 |
|---|---|---|---|---|
| 18 | | | | |
| 10 | | | | |
| 8 | | | | |

| − | 1 | 7 | 0 | 5 |
|---|---|---|---|---|
| 7 | | | | |
| 18 | | | | |
| 19 | | | | |

**5.** Suche die Fehler.

| + | 4 | 0 | 5 | 3 | 6 |
|---|---|---|---|---|---|
| 4 | 8 | 4 | ~~X~~ | 7 | 11 |
| 12 | 16 | 12 | 18 | 15 | 18 |
| 13 | 16 | 13 | 18 | 16 | 19 |
| 2 | 6 | 2 | 7 | 4 | 8 |

| − | 5 | 1 | 7 | 0 | 6 |
|---|---|---|---|---|---|
| 19 | 14 | 18 | 11 | 19 | 13 |
| 17 | 12 | 17 | 10 | 17 | 12 |
| 7 | 2 | 6 | 1 | 7 | 1 |
| 8 | 3 | 7 | 1 | 8 | 3 |

*In jeder Rechentafel sind 5 Fehler.*

# Am Zahlenstrahl über den Zehner

**1.**

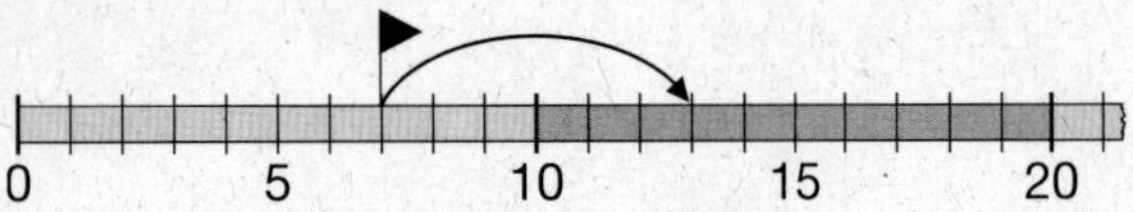

☐ + ☐ = ☐          ☐ + ☐ = ☐

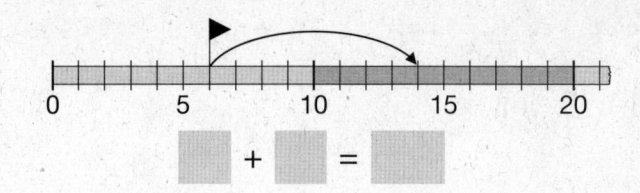

**2. Rechne am Zahlenstrahl.**

7 + 5 =          8 + 5 =          5 + 6 =          7 + 6 =
8 + 4 =          6 + 7 =          8 + 3 =          5 + 4 =
9 + 3 =          7 + 4 =          6 + 2 =          8 + 6 =
6 + 6 =          9 + 4 =          9 + 6 =          6 + 5 =

**3.**

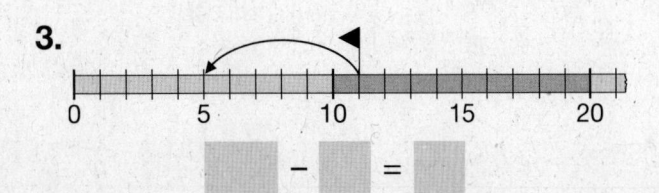

☐ − ☐ = ☐          ☐ − ☐ = ☐

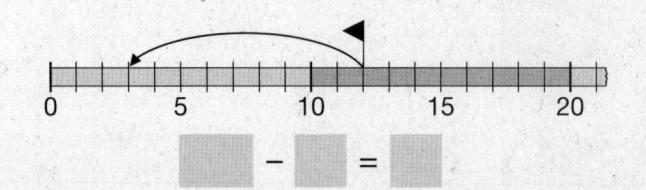

**4. Rechne am Zahlenstrahl.**

13 − 6 =          15 − 6 =          17 − 7 =          14 − 3 =
12 − 3 =          13 − 5 =          12 − 4 =          15 − 7 =
14 − 5 =          14 − 6 =          13 − 4 =          18 − 2 =
11 − 4 =          16 − 5 =          11 − 5 =          13 − 7 =

**5.**

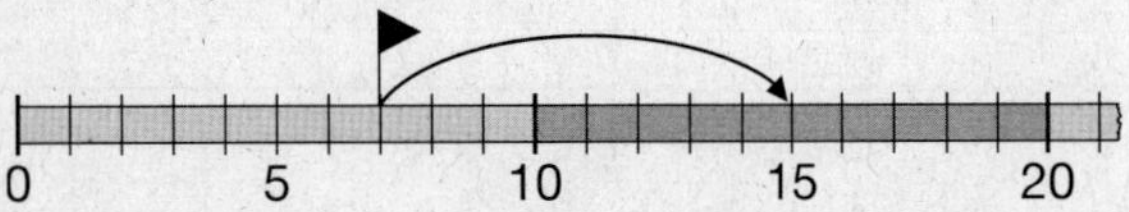

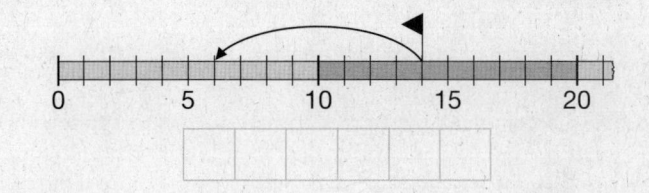

**6.** 8 + 7 =          6 + 8 =          9 + 7 =          7 + 6 =
5 + 6 =          4 + 6 =          5 + 8 =          6 + 5 =
7 + 5 =          8 + 5 =          8 + 6 =          4 + 7 =

**7.** 12 − 5 =          15 − 4 =          13 − 5 =          17 − 8 =
14 − 7 =          12 − 3 =          11 − 4 =          14 − 8 =
11 − 3 =          16 − 8 =          15 − 7 =          16 − 4 =

# Halbieren – Verdoppeln

**1.** Male immer die Hälfte an.

rot   braun   gelb

**2.**

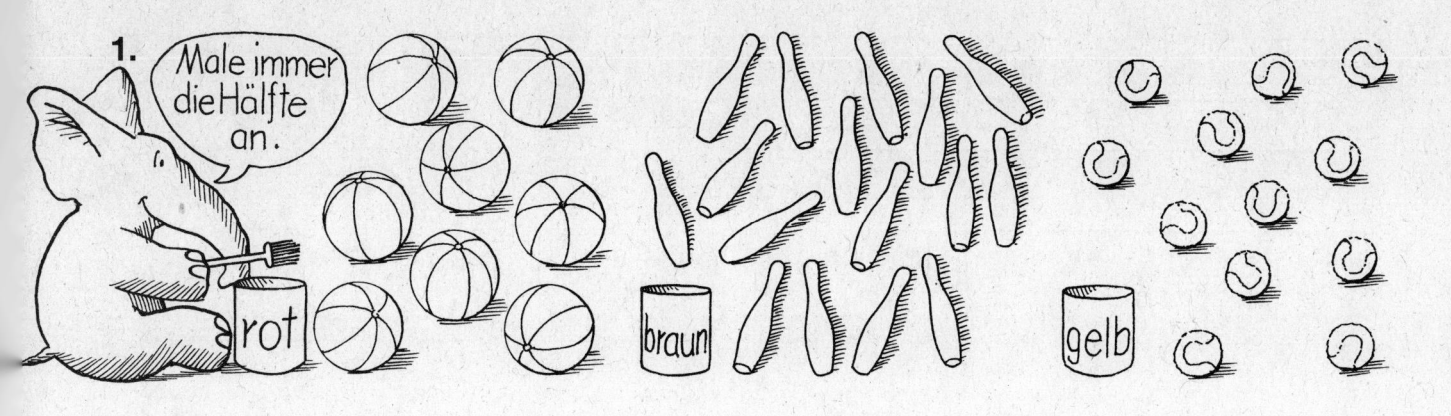

| | 4 | 14 | 6 | 16 | 2 | 12 | 18 | 8 | 20 | 10 | | | |
|---|---|---|---|---|---|---|---|---|---|---|---|---|---|
| Die Hälfte | 2 | | | | | | | | | | 6 | 4 | 10 | 9 |

**3.** Verdopple mit dem Spiegel.

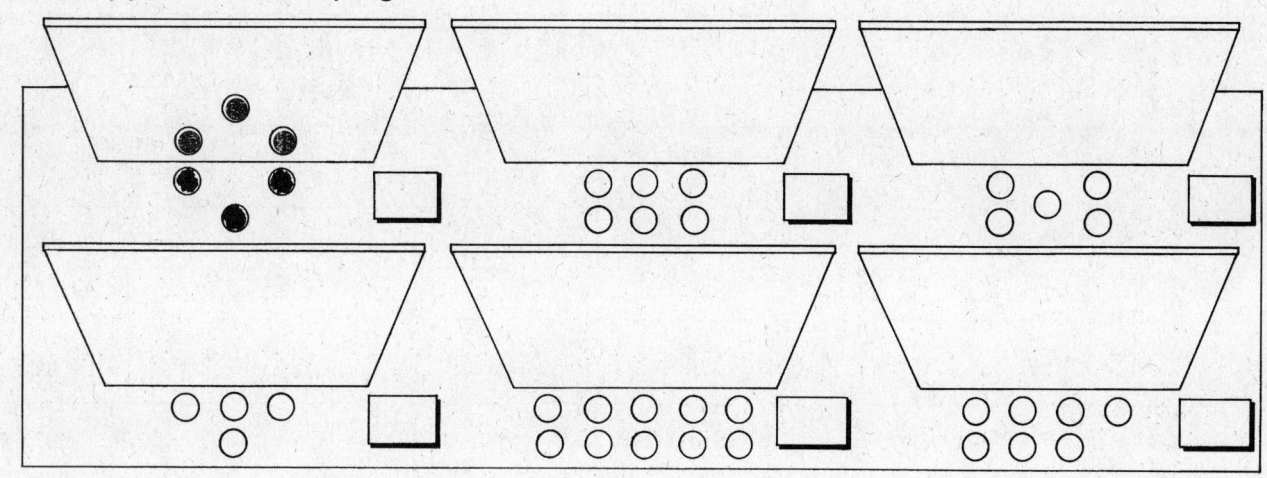

**4. Halbiere** und male eine Hälfte an.

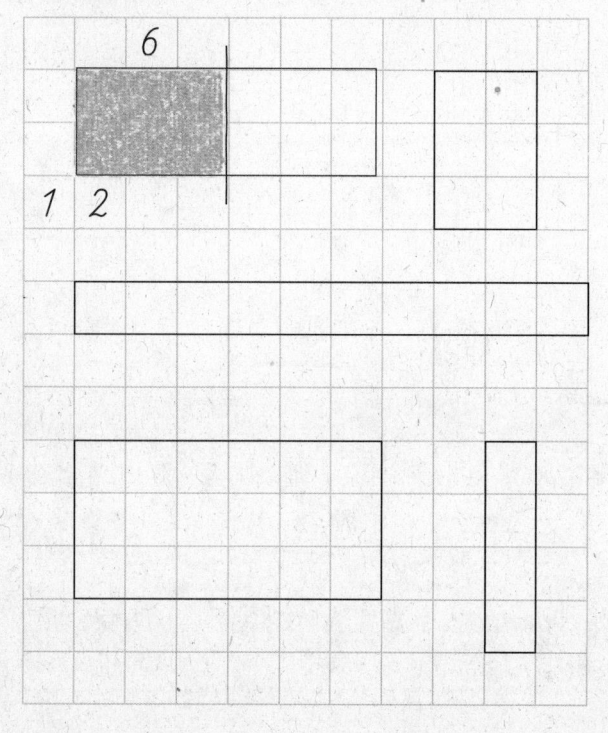

**5. Verdopple,** male an und rechne.

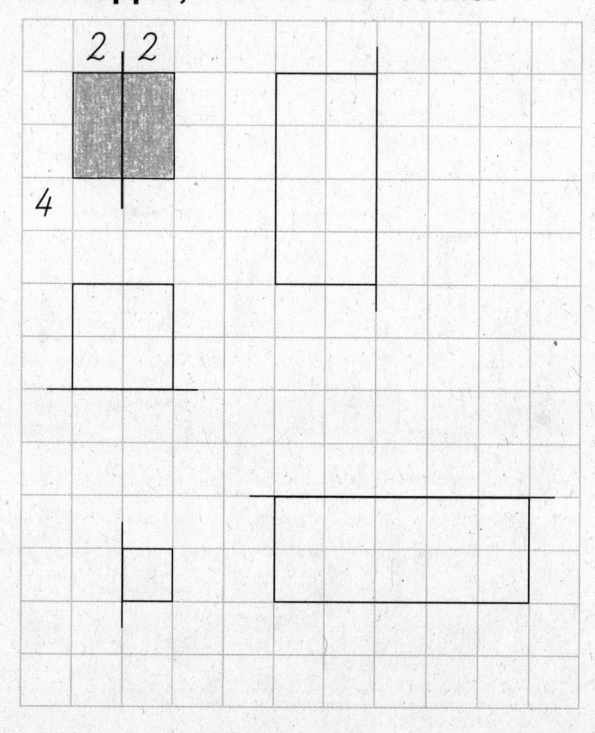

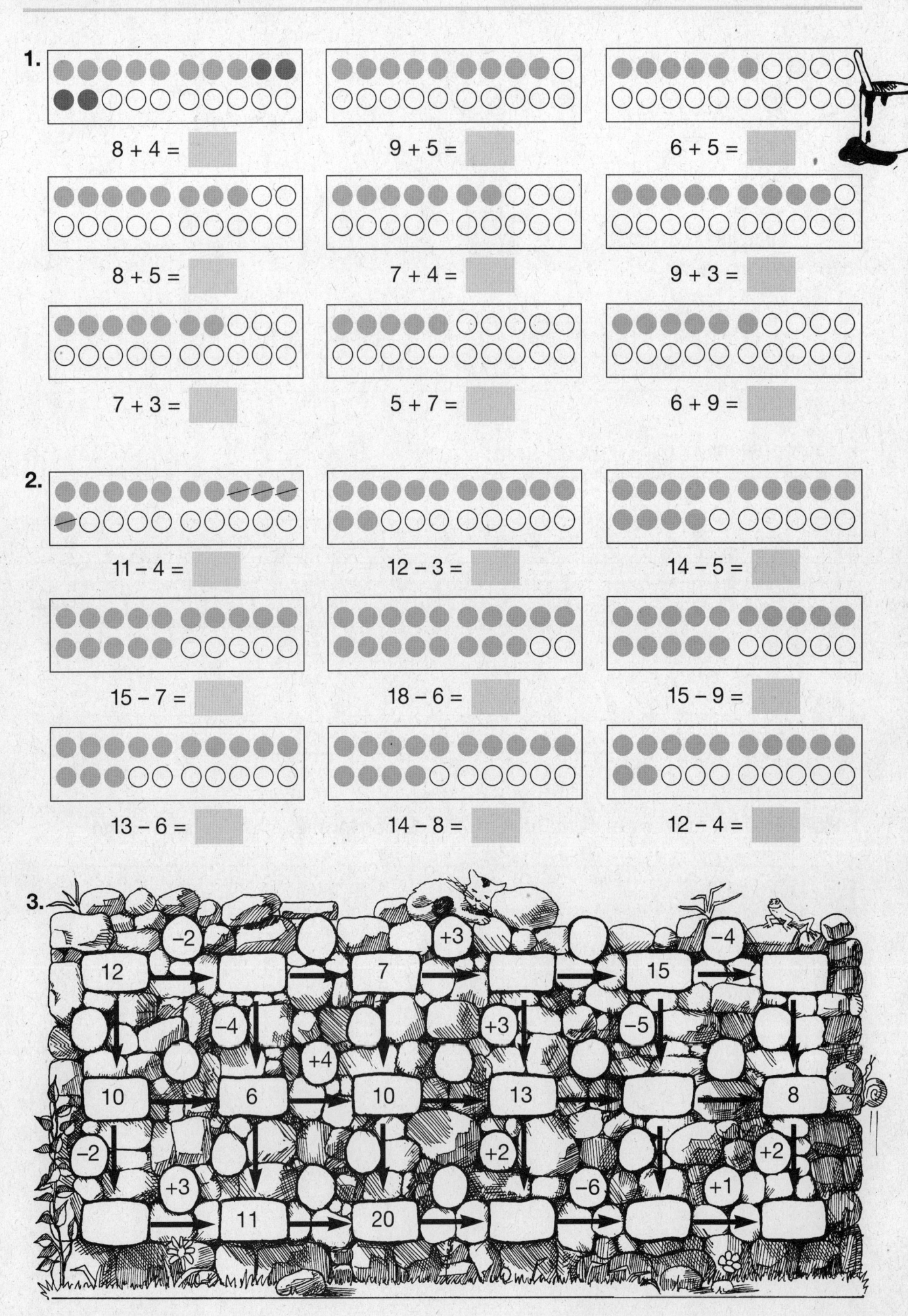

# Rechnen mit Zehnerüberschreitung

**1.**

8 + 4 =     9 + 5 =     6 + 5 =

8 + 5 =     7 + 4 =     9 + 3 =

7 + 3 =     5 + 7 =     6 + 9 =

**2.**

11 − 4 =     12 − 3 =     14 − 5 =

15 − 7 =     18 − 6 =     15 − 9 =

13 − 6 =     14 − 8 =     12 − 4 =

**3.**

# Rechnen mit Zehnerüberschreitung

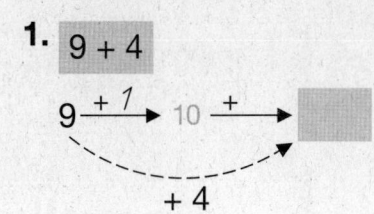

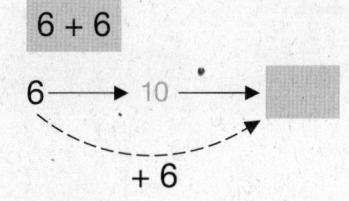

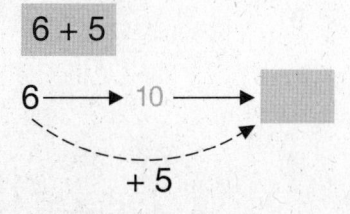

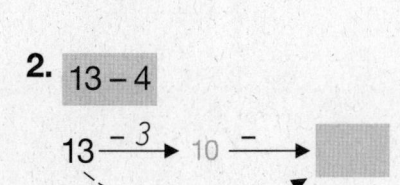

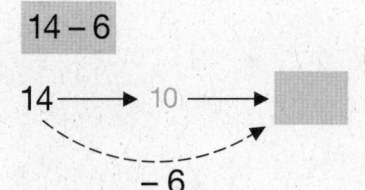

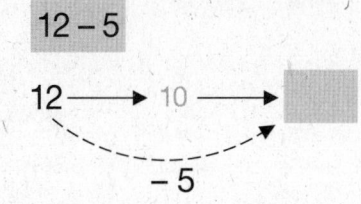

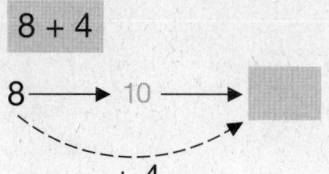

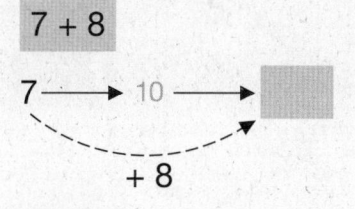

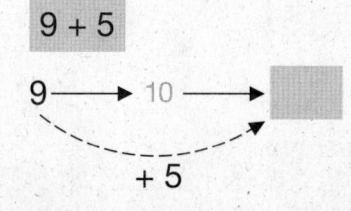

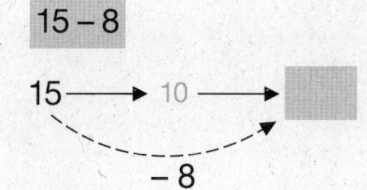

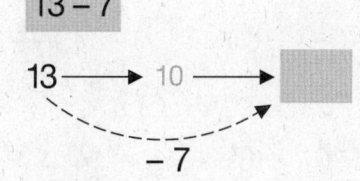

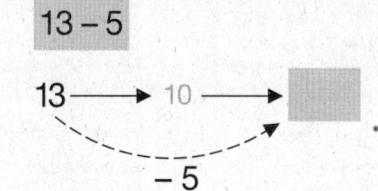

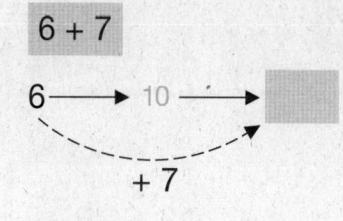

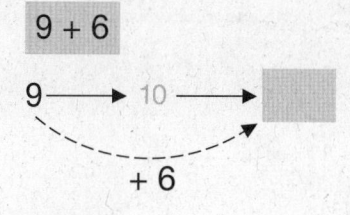

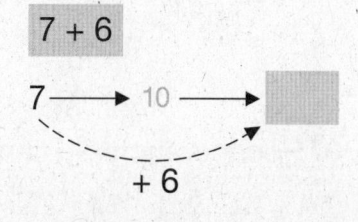

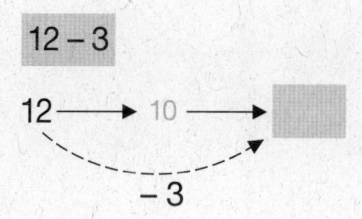

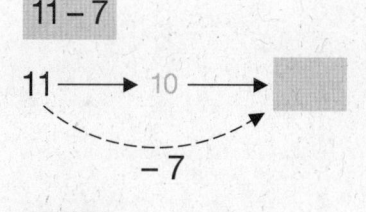

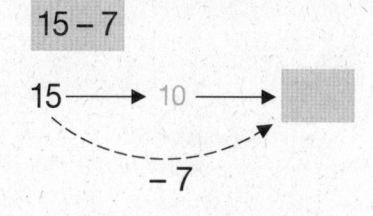

**1.**

9 + 4: 9 —+1→ 10 —+→ ☐ ; + 4

8 + 4: 8 → 10 → ☐ ; + 4

6 + 7: 6 → 10 → ☐ ; + 7

6 + 6: 6 → 10 → ☐ ; + 6

7 + 8: 7 → 10 → ☐ ; + 8

9 + 6: 9 → 10 → ☐ ; + 6

6 + 5: 6 → 10 → ☐ ; + 5

9 + 5: 9 → 10 → ☐ ; + 5

7 + 6: 7 → 10 → ☐ ; + 6

**2.**

13 − 4: 13 —−3→ 10 —−→ ☐ ; − 4

15 − 8: 15 → 10 → ☐ ; − 8

12 − 3: 12 → 10 → ☐ ; − 3

14 − 6: 14 → 10 → ☐ ; − 6

13 − 7: 13 → 10 → ☐ ; − 7

11 − 7: 11 → 10 → ☐ ; − 7

12 − 5: 12 → 10 → ☐ ; − 5

13 − 5: 13 → 10 → ☐ ; − 5

15 − 7: 15 → 10 → ☐ ; − 7

**3.**

## Umkehraufgaben – Nachbaraufgaben

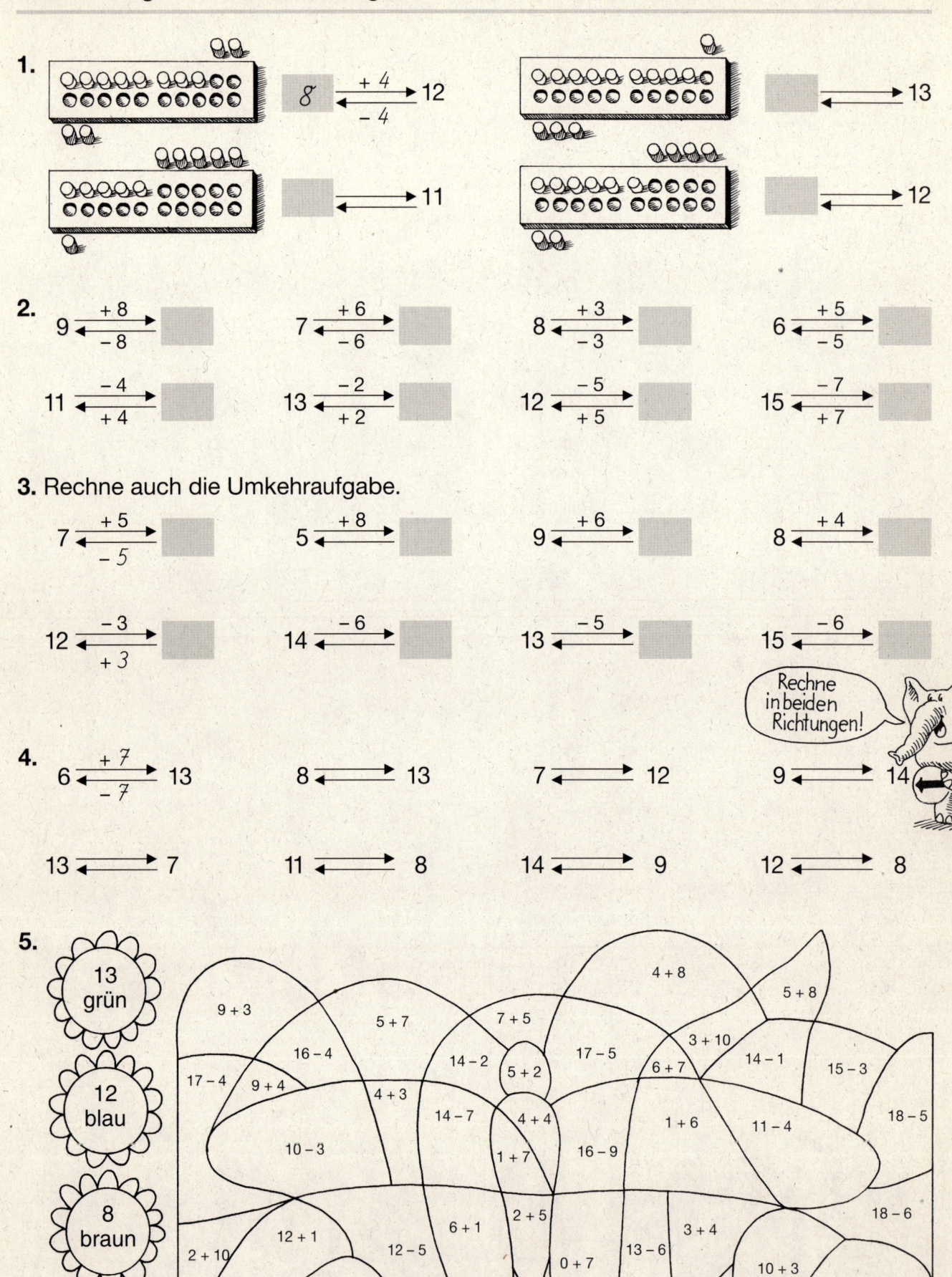

**1.** $8 \xrightarrow[-4]{+4} 12$ ... ☐ ⇄ 13 ... ☐ ⇄ 11 ... ☐ ⇄ 12

**2.**
$9 \xrightarrow[-8]{+8}$ ☐    $7 \xrightarrow[-6]{+6}$ ☐    $8 \xrightarrow[-3]{+3}$ ☐    $6 \xrightarrow[-5]{+5}$ ☐

$11 \xrightarrow[+4]{-4}$ ☐    $13 \xrightarrow[+2]{-2}$ ☐    $12 \xrightarrow[+5]{-5}$ ☐    $15 \xrightarrow[+7]{-7}$ ☐

**3.** Rechne auch die Umkehraufgabe.

$7 \xrightarrow[-5]{+5}$ ☐    $5 \xrightarrow{+8}$ ☐    $9 \xrightarrow{+6}$ ☐    $8 \xrightarrow{+4}$ ☐

$12 \xrightarrow[+3]{-3}$ ☐    $14 \xrightarrow{-6}$ ☐    $13 \xrightarrow{-5}$ ☐    $15 \xrightarrow{-6}$ ☐

*Rechne in beiden Richtungen!*

**4.**
$6 \xrightarrow[-7]{+7} 13$    $8 \rightleftarrows 13$    $7 \rightleftarrows 12$    $9 \rightleftarrows 14$

$13 \rightleftarrows 7$    $11 \rightleftarrows 8$    $14 \rightleftarrows 9$    $12 \rightleftarrows 8$

**5.**

13 grün | 12 blau | 8 braun | 7 gelb

9 + 3, 5 + 7, 7 + 5, 4 + 8, 5 + 8
16 − 4, 14 − 2, 17 − 5, 3 + 10, 14 − 1, 15 − 3
17 − 4, 9 + 4, 4 + 3, 5 + 2, 6 + 7, 18 − 5
10 − 3, 14 − 7, 4 + 4, 1 + 6, 11 − 4
1 + 7, 16 − 9
2 + 5, 3 + 4, 18 − 6
2 + 10, 12 + 1, 12 − 5, 6 + 1, 0 + 7, 13 − 6, 10 + 3
16 − 3, 19 − 6
6 + 2, 3 + 5, 14 − 6
11 + 2, 12 − 4, 15 − 2, 11 − 3, 8 + 5, 7 + 6

36

**Verwandte Aufgaben**

**1.** 
6 + 7 = 
7 + 6 = 
13 − 7 = 
13 − 6 = 

8 + 5 = 

**2. Immer 4 Aufgaben!**

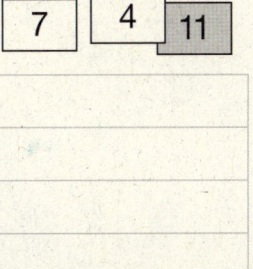

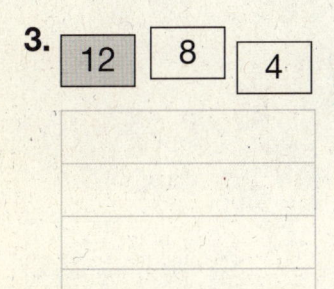

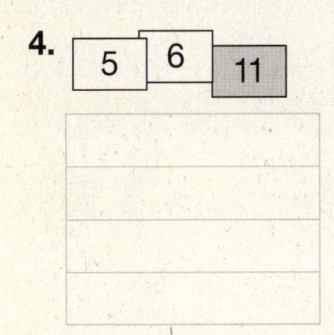

9 | 12 | 3

7 | 4 | 11

5 | 7 | 12

6 | 10 | 4

**3.**

12 | 8 | 4

3 | 8 | 5

8 | 6 | 14

9 | 5 | 14

**4.**

5 | 6 | 11

7 | 8 | 15

6 | 15 | 9

5 | 13 | 8

**5. Oft ist die Tauschaufgabe leichter.**

| 3 + 9 = | 4 + 8 = | 6 + 9 = | 5 + 6 = |
| 9 + 3 = | | | |

| 4 + 7 = | 5 + 8 = | 2 + 8 = | 3 + 9 = |

| 6 + 7 = | 7 + 8 = | 8 + 3 = | 5 + 7 = |

**Bündeln – Zehnerzahlen**

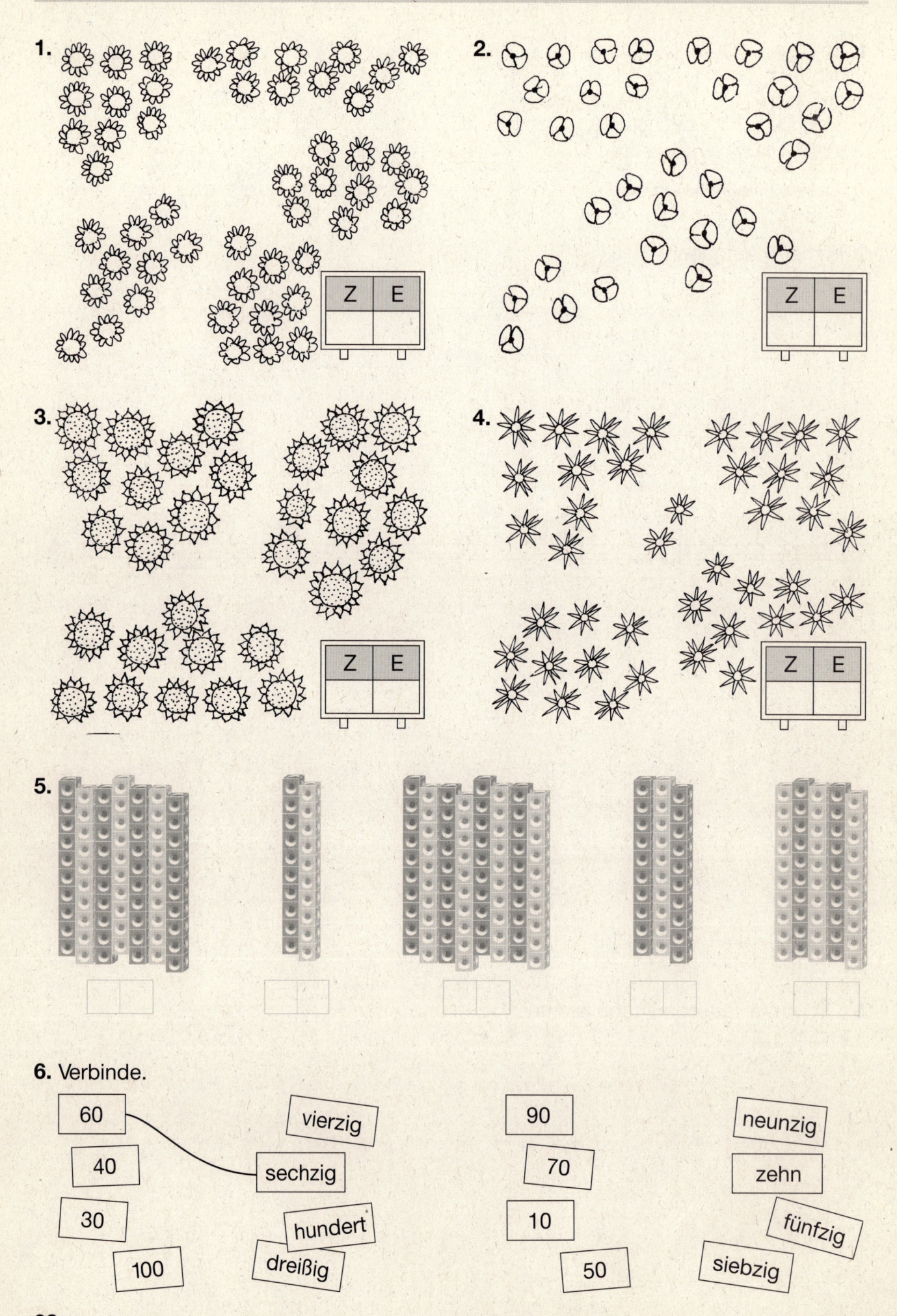

1. | Z | E |
   |---|---|
   |   |   |

2. | Z | E |
   |---|---|
   |   |   |

3. | Z | E |
   |---|---|
   |   |   |

4. | Z | E |
   |---|---|
   |   |   |

5.

6. Verbinde.

60 — sechzig
40 — vierzig
30 — dreißig
100 — hundert

90 — neunzig
70 — siebzig
10 — zehn
50 — fünfzig

# Geldbeträge

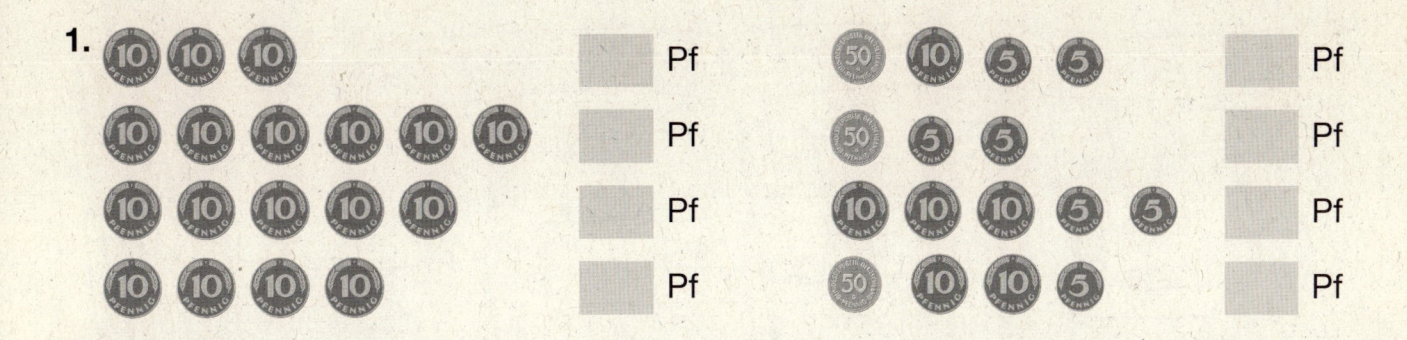

**1.**

☐ Pf  ☐ Pf
☐ Pf  ☐ Pf
☐ Pf  ☐ Pf
☐ Pf  ☐ Pf

**2.** Immer 50 Pf!

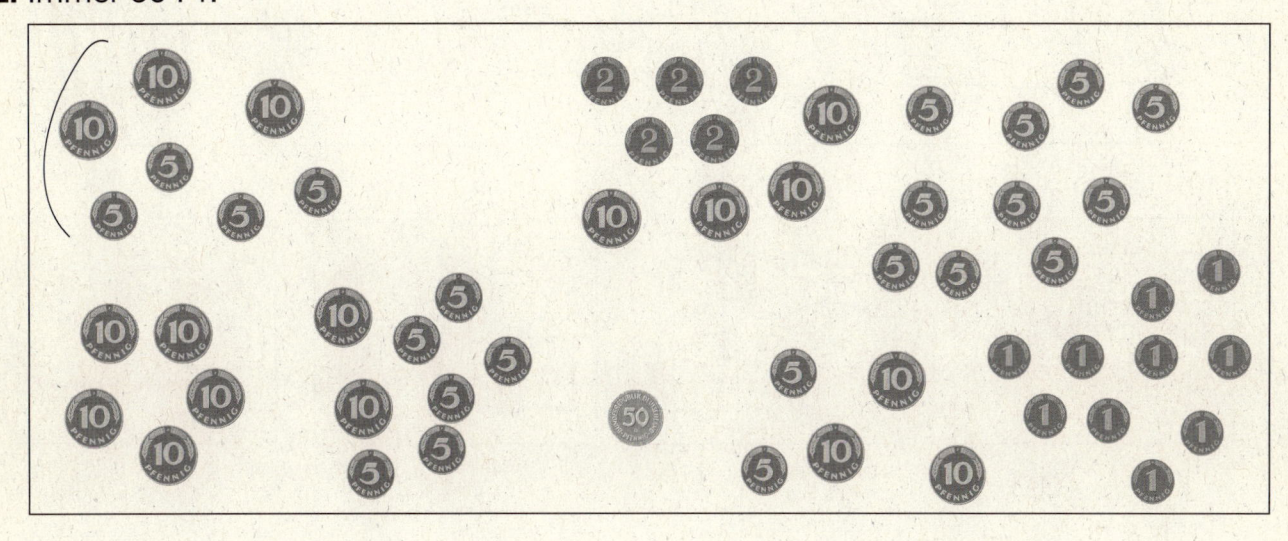

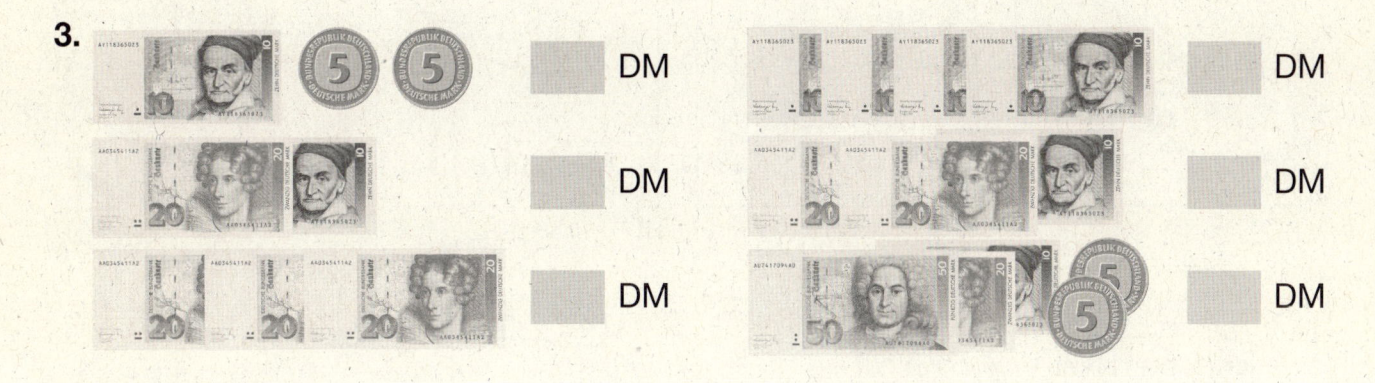

**3.**

☐ DM  ☐ DM
☐ DM  ☐ DM
☐ DM  ☐ DM

**4.** Immer 30 DM!

# Geldbeträge

**FÜR DIE PUPPENSTUBE**
- Tisch 4616 · 5,-
- Bett 3714 · 9,-
- Stuhl 3871 · 3,-

**ZUBEHÖR**
- Herd 4790 · 20,-
- Truhe 4791 · 8,-
- Schrank 3715 · 10,-

**1.**

☐ DM   ☐ DM   ☐ DM   ☐ DM

☐ DM   ☐ DM   ☐ DM   ☐ DM

**2.**

„Ich habe 11 DM. Ich kaufe eine Truhe." — „Dann hat sie noch ☐ DM."

„Ich habe 20 DM. Ich kaufe 2 Betten." — „Dann hat sie noch ☐ DM."

„Ich habe 10 DM. Ich kaufe ein Bett." — „Dann hat er noch ☐ DM."

„Der Herd und die Spüle kosten zusammen 40 DM." — „Dann kostet die Spüle ☐ DM."